LES GRANDES figures DE LA Spiritualité CHRÉTIENNE

CRÉDITS

LE FIGARO

Projet développé par le Figaro
Édité par :
La Société du Figaro
14, bd Haussmann – 75009 Paris – www.lefigaro.fr
Directeur général : Marc Feuillée

Les Presses de la Renaissance
Édi8 – 12, av. d'Italie – 75013 Paris – www.presses-renaissance.fr
Président-directeur général : Vincent Barbare
Directrice éditoriale : Muriel Beyer

Dépôt légal : septembre 2016
Achevé d'imprimer en septembre 2016 sur les presses de l'imprimerie Elcograf S.p.A., via Mondadori 15, Vérone, Italie

ISBN : 978-2-7509-1322-9 (collection)
ISBN : 978-2-7509-1318-2 (volume)

Direction de la collection : Anne Evrard
Responsable projet : Stéphanie de Fonscolombe
Direction industrielle : Marc Tonkovic
Maquette : Nord Compo
Responsable éditoriale : Séverine Courtaud
Direction artistique et couverture : Marie de Lattre
Enregistrement et conception sonore : Deja Production

Ludovic Viallet

Saint François d'Assise

1182-1226

Saint François d'Assise

Sommaire

SUR LE CD
TEXTES LUS PAR MICHAEL LONSDALE

Extrait musique *Antiphon Psalm 111*
Kraft der Stille
Bauer Studios, Ludwigsburg

Michael Lonsdale

Comédien français célèbre pour ses grands rôles au cinéma (*Le Nom de la rose, James Bond, Des hommes et des dieux*...), Michael Lonsdale prête sa voix profonde aux textes emblématiques, aussi accessibles qu'incontournables, des grandes figures de la spiritualité chrétienne.
Connu pour sa foi, il nous enchante par cette série de lectures qui ravive l'âme des écrits pour mieux toucher la nôtre.

Préface

Le *Poverello* d'Assise fut un jeune homme riche, très riche. Devenu « fol en Christ », il renonça à tout. Y compris à l'œuvre même qu'il avait fondée, l'ordre des Frères mineurs, les Franciscains. Il en fut en quelque sorte chassé à la fin de sa vie, sans égards et par ses propres frères en religion. Peu de saints dans l'histoire de l'Église catholique sont allés aussi loin dans le dépouillement – parfois subi, souvent volontaire –, à une époque où l'Église incarnait précisément son contraire, la richesse, la gloire et le pouvoir. Et peu de saints comme lui connaissent aujourd'hui une influence aussi vive et paradoxale : le silence actif et puissant de cet apôtre aux pieds nus se perpétue de siècles en siècles.

Au point que le pape François, en 2013, a été le premier de l'histoire à oser placer son pontificat sous l'égide de cet apôtre de la pauvreté. Comme si la sobriété radicale, l'abandon total au Christ, le rejet des facilités du monde étaient les vertus les plus fécondes de la spiritualité chrétienne, mais aussi les plus inconfortables puisque l'Église doit sans cesse les raviver et parfois les imposer, à la manière du pape actuel.

François d'Assise n'est pourtant pas un docteur de l'Église ou un réformateur de génie. Son message, simplissime et brûlant, continue cependant d'irriguer l'enseignement de l'Église. Quant à sa « réforme », rudimentaire et lumineuse, toute en intériorité, elle est devenue l'un des piliers de l'édifice catholique. Son secret ? Les pages qui suivent le diront. Mais il n'est pas dans la brillance. Il gît dans l'indigence même : saint François se vide de lui-même ; dans ce creux, il donne toute sa place au Christ ; il en devient incandescent de joie.

C'est donc un grand saint, un très grand saint. Il voulut à tout prix la dernière place. Il se retrouve à l'une des premières, sinon à la première. Ne pas s'y tromper toutefois, c'est un radical du christianisme intégral et non pas intégriste. Il ne néglige rien, ni personne, parce qu'il part du plus bas pour s'élever vers le plus haut. Dans cette infinie vague de louanges qu'il porte vers Dieu, il prend tout et tous les hommes : solidarité fraternelle, mais aussi communion intime avec la nature et ses milliers d'espèces d'animaux, de végétaux, de minéraux. Ainsi François tutoie Dieu comme personne ou presque, il parle donc à tous, croyants et non croyants.

Michael LONSDALE

Saint François d'Assise.
© Luisa Ricciarini/Leemage

La vie

Il faut imaginer ce que cela peut être de mendier, de s'humilier, de se négliger dans une petite ville où l'on a grandi, où l'on est connu de tous, où l'on a ses amis. La rupture avec le passé, dans les textes racontant les vies des saints, est toujours présentée de manière brutale. François d'Assise a-t-il renié sa famille, au point de vivre en étranger si près d'elle ? S'est-il parfois glissé dans la maison familiale, le temps de serrer sa mère et de sentir l'odeur de l'enfance, ou a-t-il véritablement rompu toute attache et laissé résonner, stoïque ou presque, les malédictions de son père lorsque celui-ci le voyait passer dans la rue ? On peut faire semblant de croire que le saint est un surhomme. Si la rupture avait été facile pour François, c'est d'insensibilité et de froideur extrême qu'il faudrait parler, deux traits qui semblent avoir été étrangers à sa personnalité. « Ne croyez pas que le destin est plus que la densité de l'enfance », écrivit Rainer Maria Rilke ; alors, pour le *Poverello*, la vie d'adulte, à 25 ans, a pris la dimension d'un drame en forme de rupture, douloureuse et exaltante, entre larmes et rires : une pièce de théâtre jalonnée de petites mises en scène, mais ancrée profondément dans le réel et le refus de l'artifice, dont nul ne sait comment elle fut véritablement vécue de l'intérieur – la foi porte, avec conviction et légèreté, elle n'est pas un rempart contre l'humanité.

Pour essayer de connaître François, on dispose d'un ensemble de textes que les autorités de l'ordre des Frères mineurs (les « Franciscains ») tentèrent brièvement, mais efficacement de faire disparaître en 1266 au profit d'une *Vie* (ou *légende*) officielle rédigée par le ministre général Bonaventure. Il a fallu, au XXe siècle, à partir des travaux pionniers d'un pasteur protestant nommé Paul Sabatier, auteur d'une *Vie de S. François d'Assise* (1894), redécouvrir et parfois même reconstituer (tout n'est pas résolu) les diverses légendes consacrées à François au cours des décennies qui suivirent sa mort. Reflétant les différentes conceptions et orientations s'affrontant au sein d'un ordre religieux dont la règle et les écrits du fondateur étaient porteurs de contradictions et sujets à trop d'interprétations, ce sont des textes de combat qui constituent un dossier documentaire d'une ampleur exceptionnelle. Ainsi est-il possible d'écrire que, pour un saint médiéval, François est fort bien connu ; mais comme cela nous rend particulièrement exigeant, parce que nous voudrions cerner les ressorts intimes de sa personnalité, l'avoir, en quelque sorte, en face de nous, par bien des aspects il demeure un inconnu. Heureusement, nous avons à notre disposition des témoignages de contemporains qui, eux, se sont tenus devant lui.

D'après son premier biographe Thomas de Celano, l'homme était plutôt petit, brun aux yeux noirs, avec une barbe clairsemée. La minceur d'un corps finement musclé, dans sa jeunesse, par le maniement des armes, était devenue maigreur. Il avait une voix à la fois forte et douce, parlait beaucoup et avec facilité ; « sa face était riante, son visage bienveillant. Exempt d'indolence, il était dépourvu d'insolence », écrit encore Thomas. Grosse énergie, peu de sommeil, une joie constitutive de son caractère, mais entretenue – avec lui, l'ascèse devint joyeuse, ou plutôt la joie devint objet d'ascèse. Une petite dose de narcissisme, aussi : François avait très tôt pris l'habitude d'être au centre des regards, aimait se mettre en scène et avait certainement conscience de ce qui faisait son succès (on dirait aujourd'hui son charisme) comme sa faiblesse. Il n'a pas dû beaucoup se laisser aller à l'abattement, ce qui ne veut évidemment pas dire que le découragement lui ait été étranger. Sans doute a-t-il appris et réussi à dompter les sautes de moral, gommer les reliefs qui font souvent se succéder, aux élans d'exaltation, des phases de décompression. La constance, en tout cas, a marqué son existence une fois pris le grand virage.

Voici donc l'histoire d'un saint qui était un bavard, chaleureux et un peu acteur – osons-le mot : sympathique –, profond, déterminé et absolument cohérent.

Avoir 20 ans en 1200

Fils d'un marchand de draps à la tête d'un coquet patrimoine, François connut une jeunesse privilégiée marquée par des rêves de chevalerie que nourrissaient la compagnie des jeunes nobles locaux, les guerres continuelles entre cités, mais aussi les récits du temps, poèmes courtois, chansons de geste ou romans d'aventures écrits en français (langue d'oïl) et largement diffusés dans la péninsule italienne. C'est à ce goût pour la culture d'un royaume dans lequel lui-même n'irait jamais que François, initialement prénommé Jean par sa mère, dut son prénom, que celui-ci ait été imposé par son père au retour d'un voyage au-delà des Alpes, comme le raconte la *Légende des trois compagnons*, ou qu'il l'ait reçu comme un véritable surnom, en grandissant, parce qu'il aimait s'exprimer en français. Lorsqu'il se mettra à mendier, la langue du nord de la Loire lui permettra de transformer cette quête-là en une autre, celle des chevaliers à la recherche du Graal.

Rêver de devenir chevalier, à Assise, vers 1200, avait un côté paradoxal. À l'époque, en effet, dans cette ville de trois ou quatre mille habitants, l'élite bourgeoise enrichie dans le négoce et l'artisanat textile s'éleva contre les vieilles familles aristocratiques qui détenaient le pouvoir ; en 1198, elles créèrent une « commune » semblable à celles qui, dans toute l'Italie du Nord et du Centre, apparaissaient alors en incarnant la volonté du *popolo* (un « peuple » qui n'avait pas grand-chose de « populaire », au sens où on l'entend aujourd'hui) de prendre son destin en main face aux pouvoirs d'origine féodale – fondés sur le contrôle de la terre et des hommes, non sur le commerce en plein essor. L'affrontement en recoupait un autre, à l'échelle de l'Italie centrale, celui qui opposait l'empereur germanique et le pape ; la volonté d'émancipation de la bourgeoisie assisiate se traduisit donc également, la même année 1198, par la destruction de la forteresse de la Rocca qui dominait la ville et abritait une garnison allemande pour le compte du parti impérial. Né à la fin de l'année 1181 ou au début de 1182, le fils de Pietro di Bernardone avait 20 ans lorsque la lutte tourna à la guerre contre Pérouse la voisine, où s'étaient réfugiées les familles nobles chassées d'Assise. Et il y participa. Lorsqu'on fait la guerre, on se bat, on frappe, on blesse, on détruit, on tue aussi. Qu'a fait François de ses 20 ans ?

Construite à partir de récits véhiculant certes un schéma hagiographique classique (la conversion du saint ne prend tout son sens que s'il a beaucoup péché auparavant…), mais aussi bien des éléments relevant, aux yeux de l'historien, du vraisemblable, l'image de la jeunesse de François est celle d'une vie insouciante et festive, dispendieuse, par laquelle le jeune roturier s'est sans doute efforcé de compenser les carences de ses origines bourgeoises en faisant preuve de la largesse caractéristique de la noblesse. Il n'y a guère de raison de penser, aussi, qu'il n'ait pas cédé, ne serait-ce que de façon limitée, aux débordements, voire aux violences individuelles et collectives caractéristiques du comportement des jeunes hommes de l'élite sociale. Toutefois, pour appréhender au mieux – ou au moins mal – la construction de sa personnalité et de ses choix d'adulte, cette image-là (de « gosse de riche », roi de la fête et de l'apparence) doit être contrebalancée par l'engagement dans une guerre qui n'était pas de roman ou de jeu théâtral. François y a combattu, à cheval, comme les nobles, car la situation italienne rendait possible cette proximité inenvisageable ailleurs. En novembre 1202, à la bataille de Collestrada, près de Ponte San Giovanni, il fut fait prisonnier et demeura pendant une année enfermé dans un cachot de Pérouse. C'est un jeune homme malade qui rentra à Assise ; malade et changé, comme le signale Thomas de Celano dans sa *Vie* : « Comme il avait déjà commencé à reprendre souffle et qu'appuyé sur un bâton, il avait commencé à marcher deçà delà à travers sa demeure pour recouvrer la santé, un jour il sortit au-dehors et se mit à regarder avec davantage de curiosité la province environnante. Mais la beauté des champs, le charme des vignes et tout ce qui est beau à la vue ne purent lui faire le moindre plaisir. Il s'étonnait donc de ce changement soudain en lui et tenait pour les derniers des fous les amateurs de tels spectacles.

De ce jour, il se mit donc à se déprécier à ses propres yeux et à tenir en un certain mépris tout ce qu'il avait admiré et aimé auparavant... »

Les vieux lignages étaient revenus dans la ville ; quelques années plus tard, en 1210, un accord avec le reste des citoyens poserait les fondements de la paix civile et d'un véritable régime municipal. L'un des nobles voulait rejoindre les troupes de Gautier de Brienne, qui combattaient en Pouille pour le compte du pape. Ne renonçant pas à ses ambitions de chevalerie, François décida de se joindre à lui. Il n'alla pas bien loin, puisqu'il tomba malade à Spolète et rentra chez lui pendant l'été 1205. Les récits hagiographiques évoquent des songes et des visions, procédé classique de la littérature médiévale relevant à la fois de la pédagogie et de l'authentification. Au-delà du miroir s'était ouvert dans l'esprit de François, doutant désormais de sa quête de gloire et d'honneur par les armes, un chemin menant à un profond changement : ce que, dans le champ de l'expérience religieuse, on appelle une conversion. De cet itinéraire, étalé sur trois à cinq ans, il n'est possible que de distinguer certains jalons importants. La sensibilité et la psychologie individuelles, ici, doivent être replacées dans un contexte ; par là même, il faut souligner ce qu'elles avaient de *partagé*, rejoignant les aspirations, voire les exigences de bien d'autres chrétiens du temps.

Au tournant des XIIe et XIIIe siècles, l'Italie du Nord et du Centre connaissait des mutations socio-économiques importantes ; on dirait aujourd'hui qu'à l'échelle de l'Europe elles étaient « en avance » et particulièrement marquées par des processus de modernisation – ce qui n'empêchait pas, ne l'oublions jamais, qu'elles restaient des espaces où la terre et les structures seigneuriales étaient prépondérantes. Au moment où l'essor démographique, économique et urbain enclenché en Occident de part et d'autre de l'an mil modelait pour des siècles le paysage occidental, seules les villes de l'Europe du Nord-Ouest, entre Paris, la Flandre et l'espace rhénan, pouvaient rivaliser avec les puissantes cités italiennes (Venise, Pise, Gênes, dominantes dans les échanges à travers le Bassin méditerranéen, ou encore Sienne et Florence) en matière de grand commerce, d'activité bancaire et de développement industriel. La monétarisation croissante de l'économie, l'ascension d'une élite du profit y avaient pour corollaire la paupérisation d'une partie de la population et la fragilisation de formes anciennes de solidarités ; des hommes et des femmes au statut social respectable tombaient dans le besoin ou l'indigence, tels ceux que nos sociétés modernes appelleraient huit siècles plus tard, de façon explicite et vulgaire, des « nouveaux pauvres ». Le monde changeait, l'on pouvait à bon droit estimer que tous n'en profitaient pas et que certaines valeurs s'y perdaient. Par là même, une sensibilité nouvelle à la misère et à l'exclusion s'affirmait ; jointe à une exigence de plus en plus vive relative au souci du salut, elle venait nourrir la multiplication des initiatives exaltant la pénitence et la miséricorde.

Au cours de la seconde moitié du XIIe siècle, plusieurs mouvements avaient constitué des réactions face à ces évolutions. Le terme de « paupéro-évangéliques », par lequel les historiens les qualifient de façon générique, souligne qu'ils exprimaient le désir d'une vie fondée sur la pauvreté et le modèle de l'Évangile. Le problème est que leurs membres revendiquaient également, selon des degrés et des modalités variables, cette pauvreté pour l'Église, jugée trop riche et puissante, ainsi qu'un rôle plus important des laïcs dans la vie de celle-ci. Au nom de l'idéal d'une Église primitive ayant ignoré l'inégalité et la misère – la communauté rassemblée à Jérusalem autour des apôtres après la Résurrection, dans laquelle « la multitude des croyants n'avait qu'un cœur et qu'une âme » (Actes des Apôtres 4, 32) –, la réforme (*re-formatio*) était conçue comme retour à un état antérieur, fût-il mythifié en un âge d'or. Depuis la fin du XIe siècle, tandis que l'institution ecclésiastique était traversée par une vaste entreprise de rénovation orchestrée par le pouvoir pontifical et exaltant le rôle du clergé (la « réforme grégorienne »), des prédicateurs itinérants issus de ce dernier, mais aussi de simples laïcs refusant richesse et pouvoir, avaient choisi de prêcher la parole sans demander forcément l'autorisation des autorités ecclésiales (et, au premier chef, de l'évêque), mais en tirant leur légitimité de l'approbation, par les fidèles, de la pureté de leur vie. Cette volonté de répandre l'Évangile s'accompagnait d'une exigence d'accès de tous aux Écritures saintes qui passait par la traduction en langue vernaculaire. Une telle prétention suscitait l'hostilité de l'Église, qui ne pouvait accepter que fût ainsi remis en cause le monopole du clergé ; l'Occident était entré dans l'ère de la répression de l'hérésie, laquelle, définie à l'origine comme erreur persistante dans la foi, fut assimilée à tout type de désobéissance ou de rébellion contre l'Église et l'ordre du monde voulu par Dieu.

Les mouvements prônant la pauvreté volontaire, porteurs d'une potentialité critique, voire contestataire (allant jusqu'au refus de la médiation cléricale), se sont multipliés dans la seconde moitié du XIIe siècle et au début du XIIIe ; certains étaient assimilables par une hiérarchie intelligente capable de distinguer ce qu'ils pouvaient apporter de revivifiant, tels les tisserands lombards désignés sous le terme d'*Umiliati*, excommuniés en 1184 puis intégrés à l'Église en 1201 par Innocent III, qui leur donna une règle. Ils formaient des communautés de pénitents et pénitentes laïques, associant travail, prière et respect de certaines normes de comportement ou exigences morales. Globalement, toutefois, les initiatives prenant un peu d'ampleur collective se sont heurtées à une répression croissante, de plus en plus organisée (entre 1231 et 1233 fut mise en place l'Inquisition), se nourrissant parfois d'elle-même en créant de la déviance et de l'hérésie là où il n'y avait que critique du clergé ou volonté de réforme morale et disciplinaire. Cela s'inscrivait dans la logique d'une centralisation accrue de l'Église et de l'affirmation du magistère du pape. François d'Assise ne remit jamais en question l'existence de la première et la primauté du second ; mais son expérience vécue, à partir des années 1208-1210, fut proche de celle que les Vaudois, notamment, avaient choisie de mener. En d'autres termes, la condamnation ne fut pas très loin ; et, quels que soient les caractères spécifiques de son expérience et de son message, il ne fut ni le premier, ni le seul, ni le plus extrême, encore moins le plus fou. C'est bien, d'ailleurs, parce qu'il fut à l'origine de quelque chose qui se construisit – et le dépassa – que l'on se souvient de lui, alors que sa trajectoire n'aurait pu être que trace infime s'estompant très vite.

Le grand virage
(1205-1208)

À son retour de Spolète à l'été 1205, François reprit son activité dans la boutique de son père. Son comportement était désormais différent. Il multipliait les aumônes aux pauvres, priait et méditait régulièrement en se retirant dans une grotte du mont Subasio qui dominait la ville. Pas d'illumination soudaine, ni de sérénité intérieure, chez un jeune homme alors tourmenté alternant désarroi et exaltation, qui tenait des propos parfois étranges à ses amis et se comportait de façon peu raisonnable, sinon déroutante. L'épisode le plus célèbre, sans doute, est sa rencontre avec des lépreux, qu'il évoque lui-même au début de son *Testament* écrit quelques mois avant sa mort : « Le Seigneur me donna ainsi à moi, frère François, de commencer à faire pénitence : comme j'étais dans les péchés, il me semblait extrêmement amer de voir des lépreux. Et le Seigneur lui-même me conduisit parmi eux et je fis miséricorde avec eux. Et en m'en allant de chez eux, ce qui me semblait amer fut changé pour moi en douceur de l'esprit et du corps ; et après cela, je ne restai que peu de temps et je sortis du siècle. »

La lèpre n'est pas une maladie très contagieuse ; mais elle menait au Moyen Âge à l'exclusion sociale – véritable mort au monde – en raison de l'effroi qu'elle suscitait, puisqu'elle détruisait la créature que Dieu avait faite. Pour François, aller vers des lépreux, les toucher (est-il allé jusqu'à en embrasser ?), marqua un début plus que l'aboutissement d'un cheminement. En surmontant le dégoût, en s'associant à la souffrance de ces êtres considérés comme punis par Dieu, en faisant preuve de cette miséricorde que la spiritualité des XIIe et XIIIe siècles a promue, dans les sentiments comme les pratiques, au premier rang des vertus chrétiennes, François a véritablement rencontré Dieu.

À la fin de l'année 1205, bouleversé à la vue du crucifix de la petite église Saint-Damien, au pied des remparts d'Assise, il décida de travailler à la restauration de cet édifice délabré. La vente de pièces de draps et d'un cheval lui procura une bourse d'argent qu'il voulut donner au prêtre desservant l'église, qui refusa (sans doute parce que cet argent était issu du négoce, certes, mais aussi de l'usure) ; elle suscita surtout la colère de Pietro di Bernardone, à laquelle François échappa pendant plusieurs jours en se cachant dans une grotte. Revenu dans la cité, sale et amaigri par les mortifications, il dut faire face aux moqueries des habitants et à la violence d'un père qui se sentait trahi, humilié et en appela au jugement de l'évêque Guido Ier. Celui-ci ne condamna pas François, mais, une fois l'argent

Le renoncement aux biens.

rendu, le prit sous sa protection. La scène a été rendue célèbre par bien des peintres, en particulier Giotto dans l'église supérieure de la basilique d'Assise : dénudé, le fils du marchand fut recouvert du manteau du prélat ; il obtint ainsi un statut de pénitent au sein de l'Église, mais rompit aussi avec sa famille, ce dont il eut certainement conscience.

Restait à sortir réellement « du siècle » (comme il l'écrit dans son *Testament*), ce qui n'était pas le plus simple : il n'appartenait pas au clergé ou à une communauté religieuse, n'avait pas de travail ni de logement à l'abri des remparts de la ville. Sans doute ressentait-il une certaine angoisse, démuni désormais des protections indispensables dans un monde profondément insécuritaire, mais il avait rompu avec les entraves d'une vie bourgeoise fondée sur le matérialisme et le profit. Il n'était pas seul, en ce temps, notamment dans les générations les plus jeunes, à aspirer à autre chose, à un autre monde rendu possible, sans révolution ni destruction, par le don de soi et le service de Dieu.

Revêtu d'un habit semblable à celui des ermites peuplant montagnes et forêts d'Italie centrale, François passa les deux années qui suivirent à restaurer de petites églises et à mendier sa nourriture. Dans son esprit, la seconde de ces activités ne l'emporta jamais sur la première. Une quinzaine d'années plus tard, la règle de 1221, non approuvée par les autorités de l'ordre franciscain en genèse, reprit une parole de la Seconde Épître de Paul aux

Thessaloniciens (3, 10) qui deviendra, sous sa forme latine (*Si quis non vult operari nec manducet* : « Si quelqu'un ne veut pas travailler, qu'il ne mange pas non plus »), une véritable maxime à dimension universelle, largement sécularisée. Et si François, dans son *Testament*, réaffirma l'exigence du travail (« Et moi je travaillais de mes mains et je veux travailler ; et je veux fermement que tous les autres frères travaillent d'une besogne qui relève de l'honnêteté »), c'est qu'entre-temps la règle de 1223 avait officialisé pour les frères la possibilité de ne pas travailler, en une évolution qui mènerait quelques décennies plus tard à la suppression même du travail manuel. Dans la société occidentale du début du XIIIe siècle, et dans les discours qui la modelaient, en effet, celui qui était en état de travailler ne devait pas mendier, sous peine d'être considéré comme un usurpateur ou – c'est bien l'idée qui traversa les siècles, jusqu'à nos jours – un parasite. Jacques de Vitry, prélat de l'Église sévère avec les hérétiques, mais loin d'être insensible aux ferments de renouveau que pouvaient constituer de nouvelles expériences religieuses (il fut l'auteur de la première *Vie* d'une sainte femme laïque, la béguine Marie d'Oignies), le résuma ainsi dans l'un de ses sermons aux premiers Frères mineurs, un ordre religieux qu'il avait vu naître et se structurer : « Nous ne donnons certes pas le nom de pauvre à qui pourrait vivre du travail de ses mains et s'emploie pourtant à mendier : de tels gens, on les regarde non comme des pauvres mais des voleurs. Quand ils mendient leur pain, ne peut-on, à juste titre, leur répondre : Faites un métier et travaillez pour nous ? »

Parmi les églises restaurées par François, celle de la Portioncule est aujourd'hui englobée dans l'énorme basilique Sainte-Marie-des-Anges, toute de marbre vêtue. Petit édifice de pierre au milieu d'un bois touffu, elle aurait été le lieu de l'illumination décisive de François au moment où – raconte Thomas de Celano – le prêtre célébrant la messe lisait le passage de l'Évangile dans lequel Jésus envoie ses apôtres sur les routes afin de prêcher le Royaume de Dieu et la pénitence, pieds nus, sans bâton et en n'emportant ni tunique de rechange, ni besace, ni nourriture, ni or, argent ou monnaie. Ces paroles se trouvent dans chacun des trois évangiles synoptiques (Matthieu 10, 9-10 ; Luc 9, 2-3 et 10, 4 ; Marc 6, 8-9). Le prêtre les prononça en latin et François ne les comprit que « tant bien que mal », précise Thomas de façon touchante ; il dut se les faire expliquer après la célébration. Quel qu'ait été le caractère plus ou moins soudain de cette prise de conscience, elle était majeure : on était sans doute au début de l'année 1208 et François savait désormais comment il allait orienter sa vie.

La fraternité primitive
(1208-1212)

À partir du printemps, quelques hommes d'Assise vinrent se joindre à François : Bernard de Quintavalle, un notable qui l'avait hébergé ; peut-être ensuite le juriste Pierre Cattani, puis Gilles d'Assise (*saint* Gilles, qui ne mourra qu'en 1262), le prêtre Sylvestre, Philippe le Long, et d'autres encore, d'abord probablement issus des couches aisées de la cité, puis d'horizons géographiques plus larges (l'Ombrie, la Marche d'Ancône) et de niveau social plus modeste. Une communauté se formait, soudée par le désir de « suivre nu le Christ nu » – selon un adage répandu parmi les mouvements paupéro-évangéliques du XIIe siècle. Après avoir cédé tous leurs biens aux pauvres, ils allaient deux par deux de villes en villages, exhortant les habitants à faire pénitence et prônant la paix, aidant au travail des champs et quémandant leur nourriture, puis se retrouvaient régulièrement dans des masures de la plaine que surplombait Assise (la « vallée de Spolète » du début de la *Vie* de Thomas de Celano), aux alentours de la Portioncule.

Le vêtement désormais choisi par François était constitué d'une tunique de tissu grossier avec une simple corde à la taille, de braies (une sorte de caleçon), d'un habit à capuche, rugueux, en forme de croix, sans teinte définie – tout cela devait être le moins coûteux et le plus humble possible. Ainsi vêtus, pieds nus, la douzaine d'hommes qui composaient ce petit groupe se rendit à Rome au printemps 1209 afin de faire approuver par le pape Innocent III la règle qu'avait composée François. « Règle » est un bien grand mot : c'était davantage une « forme de vie » (*forma vitae*) faite de versets de l'Évangile mis bout à bout, auxquels le *Poverello* avait ajouté quelques points de précision. Un tel texte, accompagnant un projet exaltant pauvreté et égalité intégrales (que ne connaissaient pas les communautés religieuses, même les plus austères), n'avait rien de rassurant pour la hiérarchie ecclésiastique. Pourtant, avec la canonisation du marchand Homebon de Crémone (mort en 1197) peu de temps après son accession au pontificat, Innocent III avait déjà accompli un geste fort en direction du monde laïque des villes ; et ce prélat qui, par ailleurs, lança la première croisade contre un ennemi de l'intérieur (les « Albigeois » ou « Cathares ») et accentua la répression violente de l'hérésie, eut l'intelligence de ne pas écarter d'un revers de main ce que François avait à proposer. Certes, il ne s'avança guère, autorisant oralement les membres de la fraternité à prêcher la pénitence et les faisant peut-être tonsurer, ce qui les faisait entrer dans l'état religieux. Devant le pape, François ne remit pas en cause les institutions de l'Église, ni ne développa une critique contestataire de ses membres. Ce n'était pas son projet et ne le serait jamais. L'entrevue rassura indéniablement le pontife romain, qui se garda toutefois de donner son blanc-seing ou une quelconque protection officielle, mais ne condamna pas. *Wait and see*, d'une certaine façon… En soi, c'était déjà beaucoup.

Les échanges auxquels se livrèrent les compagnons au cours de leur retour vers Assise constituent, dans quelques lignes de Thomas de Celano, l'un des *lieux* où peut se faire avec le plus de facilité et une forme d'intensité la rencontre, à huit siècles de distance, entre le lecteur et ceux dont il suit le parcours – une rencontre qui soit fugace sentiment du réel, au-delà du seul récit. Ils marchent, s'arrêtent, prennent leur temps, discutent et débattent, sans doute vivement parfois, rient et s'emballent, s'enflamment, ramenés sur terre par la faim et la fatigue qui calment bien des enthousiasmes, au moins momentanément. Vers quels horizons mener leurs pas désormais ? Quelle place faire à la retraite dans des ermitages ? Doit-elle être prépondérante, ou faut-il avant tout aller au milieu des hommes ? Ces questions, les Frères mineurs se les poseraient pendant des siècles, tant la vie de prière et l'éloignement du monde (par le retrait dans la nature ou la solitude de la cellule) apparaîtraient comme des impératifs afin de retrouver le dénuement des origines et la recherche de

Dieu ; mais la vie *franciscaine*, inspirée du modèle de François et, à travers lui, du Christ, ne cesserait jamais d'être une vie « mixte » (selon le terme que les auteurs médiévaux eux-mêmes employaient) mêlant action et contemplation, fuite du monde et plongée au cœur de celui-ci.

Les compagnons se mirent à parcourir les cités d'Italie centrale et septentrionale, en prêchant sur les places, parfois dans les églises. Leurs paroles comme leurs actions visaient en grande partie à œuvrer en faveur de la paix, dans des sociétés urbaines troublées par d'incessants conflits entre familles et clans rivaux. Ils allaient deux par deux (chacun avait donc son *socius*) afin de se soutenir, de veiller l'un sur l'autre, de se surveiller aussi en cas de faiblesse, et se retrouvaient régulièrement à l'église Sainte-Marie-des-Anges (la Portioncule), à laquelle ils étaient désormais rattachés sur le plan canonique. Parfois franchement agressif au début, l'accueil des habitants évolua peu à peu. Il faut dire que ceux que l'on commençait à appeler « Frères mineurs » (*fratres minores*) séduisaient par leur mode de vie d'une extrême simplicité, se mêlant à la population pour travailler de leurs mains ou se mettant au service des plus faibles dans des hospices, prêchant ainsi également par l'exemple plutôt qu'en portant, en une posture qui aurait pu passer pour agressive ou arrogante, l'étendard de la pauvreté. Pas de structure rigide, en outre, au sein de cette fraternité de plus en plus large : elle accueillait les laïcs comme les clercs, les hommes mariés avec l'accord de leur épouse, et répondait à un besoin croissant, chez les fidèles, d'association et de solidarité, de promotion chrétienne du laïcat et d'engagement dans la vie de l'Église sans prononciation de vœux ni clôture. Il se dégageait d'elle un souffle d'air que les ordres religieux traditionnels, au recrutement par ailleurs étroit, ne semblaient guère pouvoir exhaler. Et puis il y avait François… Le petit homme, chétif et sans grâce particulière, fascinait et aimantait pourtant, parce qu'il était un spectacle à lui seul et respirait la cohérence. Peut-être ceux qui le voyaient avaient-ils le sentiment que les récits de l'Évangile, mais aussi (surtout ?) l'imaginaire qu'ils avaient nourri en eux prenaient chair sous leurs yeux. Ses sermons étaient des exhortations, voire des harangues, prononcées dans une langue colorée et concrète, facile à comprendre, dénuée des ornements rhétoriques qu'un clerc lettré aurait utilisés – mais que le fils de marchand d'Assise, qui revendiquait son inculture savante, aurait de toute façon été bien en peine de s'approprier.

La *Légende des trois compagnons*, composée d'éléments collectés parmi les proches du saint au milieu des années 1240, et dont la rédaction originelle est peut-être l'œuvre de Rufin, le cousin de Claire, raconte ainsi les premiers temps de la nouvelle existence de François, juste après la rupture avec sa famille et la mise à nu devant l'évêque, au moment où il entreprit de restaurer l'église Saint-Damien :

« Ensuite, se mettant en marche et entrant dans la cité, il commença à louer le Seigneur par les places et les rues, comme ivre d'esprit. Une fois finie une telle action de louange, il se met à acquérir des pierres pour la réparation de l'église en disant : "Qui m'aura donné une pierre aura une récompense. Mais qui m'en aura donné deux aura deux récompenses. Et qui m'en aura donné trois aura pareillement trois récompenses."

C'est ainsi et avec beaucoup d'autres paroles simples qu'il parlait dans la ferveur d'esprit. Car ignorant et simple, élu de Dieu, avec tous il se comportait *non avec les doctes paroles de la sagesse humaine* [1 Corinthiens 2, 13], mais avec simplicité. Beaucoup se moquaient de lui, pensant qu'il était fou. Mais d'autres, mus de pitié, étaient émus aux larmes en le voyant si rapidement passer d'une si grande légèreté et vanité de ce monde à une si grande ivresse de l'amour divin. Mais lui, méprisant les moqueurs, rendait grâce à Dieu dans la ferveur de l'esprit.

Combien il aura peiné sur ce chantier, il serait long et difficile de le raconter ! Car lui qui avait été si délicat dans la maison paternelle portait des pierres sur ses épaules et s'épuisait de multiples manières au service de Dieu. »

Même lorsque les foules commencèrent à le considérer comme un saint personnage, François ne cessa de se comporter comme un « jongleur de Dieu » (*joculator Dei*) plus que comme un prédicateur de l'Église, joignant les gestes à la parole, privilégiant souvent les premiers par rapport à la seconde. Dans la société médiévale, l'artiste de rue attirait et amusait, mais il était placé très bas dans l'estime sociale. Voici donc qu'un homme mettait au service de l'Église, d'une certaine façon, celui-là même qu'elle méprisait.

L'institution, au risque de se perdre (1212-1223)

En mars 1212 (peut-être 1211 selon les sources émanant, non du milieu des frères, mais de celui des premières Clarisses), après avoir entendu prêcher François, une jeune femme de la noblesse locale, Claire di Offreduccio, âgée d'environ 18 ans, vint le trouver à la Portioncule en compagnie d'une amie. On leur coupa les cheveux et on en fit des pénitentes. Une fois passé le violent conflit que la fugue avait entraîné avec la famille de Claire, elles furent rejointes par deux sœurs de celle-ci, Agnès et Béatrice, ainsi que par d'autres jeunes filles, et s'installèrent dans l'église Saint-Damien que François avait restaurée. Y furent aménagées les diverses pièces d'un petit couvent (dortoir, réfectoire, salle capitulaire). Devenue veuve, la mère de Claire vint s'y retirer. François et Claire. L'histoire pourrait être belle, mais y a-t-il vraiment eu une histoire ? Ce n'est pas celle de Tristant et Iseult, d'Abélard et Héloïse ou de Roméo et Juliette ; on pourrait en faire celle d'une amitié spirituelle, mais les sources livrent peu d'éléments pour nourrir notre envie de belle histoire, teintée de ce romantisme que

Claire embrassant le vêtement de François.
© The British Library Board/Leemage

l'aventure du *Poverello* a si souvent et facilement engendré. La beauté, dans la relation de Claire et de François, est sans doute à chercher surtout chez Claire : elle a assisté à la prédication de François, elle a voulu faire comme lui et ses frères, elle a une soif de liberté et une force de caractère qui ne la quitteront jamais, jusqu'à sa mort en 1253. Qu'a François à lui proposer, en dehors des murs du couvent, qui vont se refermer de plus en plus en quelques années, après le temps d'une clôture encore souple ? Pas grand-chose, ou pas autre chose que ce que la société de l'époque et l'Église permettent aux femmes. François n'a pas de mépris pour celles-ci, mais il n'a pas pour elles de véritable projet, celui dont il a eu l'intuition pour les hommes – et qui s'élabore, pour une large part, dans l'improvisation – ne pouvant leur être proposé. Quant à sa relation avec Claire, elle fut sans doute fondée sur l'affection et la communion spirituelle, mais elle est largement évacuée par les témoignages contemporains et il n'est pas sûr que François lui-même, au fil des années, ait fait – ou pu faire – ce qu'il fallait pour lui garder la même intensité.

Au cours de la décennie 1210, tandis qu'étaient créées des communautés de « Pauvres Dames » pénitentes à l'origine de l'ordre des Clarisses, le nombre des hommes choisissant la vie proposée par François alla croissant. Il est malaisé, voire impossible de discerner avec netteté les étapes d'un développement important : ils étaient plusieurs centaines vers 1215, un millier en 1218, trois mille quatre ans plus tard, lorsque pour la dernière fois ils furent réunis tous ensemble. L'atmosphère de ces rencontres semble avoir été fraternelle et chaleureuse, mêlant piété et bonne humeur. On y abordait les questions soulevées par la vie des frères et les problèmes qu'ils rencontraient, comme cela se faisait en particulier (mais par le biais de la seule participation des abbés de chaque maison) dans les deux grandes familles monastiques du temps, les Cisterciens et les Clunisiens, et comme cela commençait à se faire au sein d'une fraternité de clercs au développement rapide dont le fondateur, un chanoine espagnol de quelques années plus âgé que François, combattait l'hérésie par la parole et prêchait la paix entre le Sud-Ouest de la France et l'Italie : les « Frères prêcheurs », appelés par la suite « Dominicains ». À l'instar de ces derniers, mais à un rythme et selon des modalités quelque peu différents, ce que François avait initié commençait à prendre les contours d'un ordre religieux, avec la tenue régulière de chapitres et, à partir de 1217, la mise en place d'une organisation en provinces ainsi que l'envoi de frères hors d'Italie. Alors que tous – jeunes ou hommes mûrs, laïcs ou clercs, lettrés ou illettrés – pouvaient entrer dans la fraternité, au fil de la décennie 1210 la nouvelle *religio* (le terme désignait, au Moyen Âge, un mouvement religieux institutionnalisé) attira probablement de plus en plus de membres du clergé. Surtout, elle fut confrontée aux complexités du réel

– ou à sa grande simplicité, c'est selon : par exemple, comment répandre l'Évangile en Allemagne, comme quelques dizaines de frères entreprirent de le faire entre 1217 et 1219, sans connaître la langue du pays ? Puisque, à leur arrivée, dire « oui » (*ja*) quand on leur demanda s'ils avaient besoin d'être logés et nourris leur permit d'être bien accueillis, ils répondirent systématiquement par ce mot, y compris lorsqu'on leur demanda s'ils étaient des hérétiques venus « pervertir l'Allemagne comme ils l'avaient fait de la Lombardie », raconte le frère Jourdain de Giano dans sa *Chronique*. Cela leur valut une brève, mais logique persécution, ajoute-t-il en précisant qu'être envoyé là-bas était, au début des années 1220, le souhait des frères qui désiraient connaître le martyre – ou, comme lui, la hantise de ceux qui tenaient à la vie…

François a-t-il, lui aussi, recherché le martyre ? À deux reprises, en 1212-1213, il tenta de partir au-delà de la Méditerranée, en Syrie puis au Maroc. Il faut croire qu'il n'était pas destiné aux grands voyages, puisque ces deux projets avortèrent très tôt en raison d'une tempête maritime et d'une maladie. À l'été 1219, il parvint à rejoindre les troupes de la cinquième croisade à Damiette, en Égypte, et au début du mois de septembre rencontra le sultan Al-Malik al-Kâmil avant de se rendre en Terre sainte. Il en fallait, du courage, d'abord pour enjoindre aux Latins de renoncer à la lutte armée, ensuite pour passer dans le camp des Sarrasins afin de convaincre

Saint François devant le sultan.

leur chef par la force de la parole... Il en fallait, ainsi qu'une foi immense, pour proposer au sultan de faire surgir la vérité en entrant dans les flammes. Cette épreuve de l'ordalie n'eut pas lieu, mais que François l'ait sérieusement envisagée est possible.

Le contenu de son entretien avec Al-Kâmil n'est pas connu ; il y fut certainement question de foi, peut-être aussi des conditions d'un libre accès des chrétiens aux lieux saints de Jérusalem, ce qui aurait pu dénouer le conflit. En tout état de cause, il ne faut pas envisager que cette rencontre ait baigné dans une sorte d'atmosphère « œcuménique », en une vision qui serait à la fois anachronique et naïve. Pour autant, si François échoua dans son entreprise de conversion, ce séjour de plusieurs mois en dit long sur l'attitude des deux principaux protagonistes : le chef musulman fit preuve de respect et de tolérance (c'est bien de cela que l'on parlerait aujourd'hui) à l'égard d'un homme dont le comportement courageux suscita d'autant plus l'admiration qu'il ne s'accompagna probablement pas d'attaques violentes contre Mahomet et les croyances musulmanes ; quant à François, persuadé depuis le début d'être appelé à réaliser un grand dessein et à répandre un message universel, il avait conscience que son audace pouvait le conduire au martyre. En janvier 1220, cinq frères qui s'étaient obstinés à prêcher publiquement contre l'islam furent exécutés au Maroc. Autrement dit, toujours intimement convaincu de la force de l'exemple – avant même celle de la parole –, y compris face à des infidèles, François a certainement envisagé le martyre comme issue possible de son périple ; il y était prêt, cela n'est pas arrivé, sa mission continuait, portée par un idéal qui n'était pas angélisme. La réalité des hommes précipita son retour.

Pendant son absence, en effet, les frères à qui avaient été confiées les rênes de la fraternité avaient pris certaines initiatives, en matière d'organisation ou en sollicitant la papauté, qui ne correspondaient pas à l'esprit de ce qui s'était développé autour de François au cours des dix dernières années. Autour de François… Il devenait patent qu'après le temps de l'intuition fondatrice, la dynamique qu'avait alimentée l'exemple et l'attractivité d'un homme au projet à la fois très clair et très flou devait être relayée par un minimum de structures institutionnelles, sous peine de voir les « Frères mineurs » se diluer en un vague agrégat d'individus aux intentions et aux comportements divers. Des adolescents sans formation, revêtus de l'habit après avoir promis obéissance, mais sans feuille de route un tant soit peu précise, étaient susceptibles de tomber dans le vagabondage ; que pouvaient-ils avoir en commun, si un projet de vie n'était pas mieux défini, avec un jeune prêtre de noble famille portugaise entré chez les Mineurs en 1220 après avoir été bouleversé par la vue des dépouilles des frères martyrisés au Maroc ? Fernando Martins de Bulhões, devenu frère Antoine, mourut en 1231 à Padoue et fut canonisé dès l'année suivante. Il avait prêché et fondé des communautés en Italie du Nord, mais aussi dans le Midi de la France, en Limousin et en Corrèze. Pendant des siècles, la canonisation et la tradition populaire (dans laquelle Antoine de Padoue est invoqué, notamment, pour retrouver les objets perdus) ont enclenché des forces redoutables, figeant dans une forme d'immense célébrité mais effaçant le réel en une véritable lessiveuse. Second saint franciscain, Antoine appartenait pourtant à une génération de frères qui n'avaient pas connu les premiers temps de l'ordre. Il participa au chapitre général de la Pentecôte 1221. Revenu en Italie un an auparavant, François avait provisoirement rétabli le calme parmi les siens, mais aussi compris la nécessité d'une organisation différente. Il avait en outre contracté une infection aux yeux – sans doute le trachome, qui allait finir par le rendre aveugle – et la malaria (ou paludisme). Au chapitre de la saint Michel (29 septembre) 1220, il abandonna la direction de la fraternité. Son successeur, Pierre Cattani, décéda quelques mois plus tard et fut remplacé par frère Élie, l'homme qui, au cours de la décennie 1230, allait travailler au rayonnement de l'ordre en tant que ministre général, mais aussi s'attirer bien des critiques et attiser bien des tensions, accusé de trahir l'esprit des origines.

Dans l'immédiat, même malade, François était toujours là et entendait bien peser de tout son poids au moment où s'effectuaient des évolutions décisives pour les Frères mineurs sous la tutelle bienveillante et raisonnable du cardinal Hugolin, futur pape Grégoire IX, chargé par la papauté de les protéger. Les deux hommes, certes différents, avaient de bons rapports. Désormais, il fallait se soumettre à un noviciat d'une année avant de faire profession ; mais profession à quoi ? Plus de dix ans après l'entrevue entre François et Innocent III, les frères n'avaient toujours pas de véritable « forme de vie » (*forma vitae*) mise par écrit et approuvée par le Saint-Siège. Une première règle, rédigée par François et ses compagnons, peu précise et rigoureuse sur le plan juridique, fut refusée par le pape Honorius III en 1221. On l'appelle la *Regula non bullata* (c'est-à-dire non approuvée par une bulle pontificale). Une seconde fut approuvée en novembre 1223 ; elle était beaucoup plus courte, plus sèche aussi, la plupart des citations bibliques ayant été supprimées. L'ordre des Frères mineurs avait enfin son texte réglementaire, mais il est certain que son contenu ne correspondait pas à ce que voulait François, qui n'eut de cesse d'essayer d'infléchir son interprétation dans le sens le plus rigoureux. Loin d'être seulement une sorte d'adieu adressé à ses compagnons, le *Testament* qu'il rédigea quelques semaines avant sa mort, à la fin du printemps ou à l'été 1226, fut ainsi conçu comme l'indispensable complément de la Règle : « Et que le ministre général et tous les autres ministres et custodes soient tenus par obéissance de ne rien *ajouter* ni *retrancher* à ces paroles. Et qu'ils aient toujours cet écrit avec eux à côté de la Règle. Et dans tous les chapitres qu'ils tiennent, quand ils lisent la Règle, qu'ils lisent aussi ces paroles. Et à tous mes frères, clercs et laïcs, j'interdis fermement par obéissance de mettre des gloses ni à la Règle ni à ces paroles en disant qu'on doit ainsi les comprendre. Mais comme le Seigneur m'a donné de dire et d'écrire simplement et purement la Règle et ces paroles, ainsi comprenez-les simplement et purement, et sans glose, et observez-les et mettez-les en œuvre saintement jusqu'à la fin. »

S'il n'avait jamais poussé les frères vers des pratiques d'ascétisme extrême, le *Poverello* tenait à ce qu'ils demeurent dans la pauvreté, personnelle comme collective. Il était ainsi hostile à la construction de couvents aux murs de pierre et aux toits de tuiles, qui plaçait l'ordre en position de propriétaire et ses membres dans le confort et la sécurité. Ayant abandonné la direction d'une organisation dont la majorité des membres étaient réticents, sinon hostiles à un projet de vie jugé trop rigoureux et impossible à mettre en application, François aurait pu user de l'autorité que lui procurait sa sainteté naissante, puisqu'on le vénérait déjà parmi les frères comme les fidèles ; ce n'était pas là, toutefois, un comportement en accord avec son caractère et sa volonté. Il préférait rappeler à l'ordre à sa façon, dont témoigne un épisode rapporté par Thomas de Celano dans sa seconde *Vie* : « Il arriva, un jour de Pâques, que les frères préparent à l'ermitage de

Greccio la table plus soigneusement qu'à l'ordinaire, avec des nappes blanches et des verres. Le père descend de sa cellule, vient à table, observe qu'elle a été installée en hauteur et ornée vainement ; devant cette table riante, il ne rit pas du tout. À la dérobée et à pas de loup, il fait marche arrière, met sur sa tête le chapeau d'un pauvre qui se trouvait alors là et, portant un bâton dans sa main, il sort dehors. Dehors il attend à la porte que les frères commencent à manger ; car ils avaient l'habitude de ne pas l'attendre, puisqu'il ne venait pas au signal. Comme ils commencent à manger, il crie à la porte en vrai pauvre : “Pour l'amour du Seigneur Dieu, dit-il, faites l'aumône à ce pèlerin pauvre et malade.” Les frères répondent : “Entre ici, homme, pour l'amour de Celui que tu as invoqué.” Soudain il entre donc et se présente à ceux qui mangent. Mais quelle stupeur crois-tu que le pèlerin infligea aux gens du lieu ? À sa demande on lui donne une écuelle et, s'allongeant tout seul sur le sol, il pose son auge sur la cendre. “Maintenant, dit-il, je suis assis comme un frère mineur.” »

Il n'est pas sûr que cette sainteté fondée avant tout sur l'exemple ait eu moins d'impact, dans l'esprit des contemporains, que celle d'un illustre protecteur de l'Église ou d'un faiseur de miracles – ce que fut aussi François, sous la plume de ses biographes soucieux d'accentuer la conformité au Christ, en un temps où, de toute façon, le saint était un homme de prodiges. Tout acteur qu'il était par nature, tout chevalier au service de dame Pauvreté qu'il s'était rêvé, le Pauvre d'Assise semble s'être méfié de l'engouement qu'il suscitait. À partir de 1223, l'acteur et le chevalier laissèrent la place à un homme malade, déçu, luttant sans doute contre la tentation de l'amertume.

Le dernier défi : aimer sans amertume (1223-1226)

On peut connaître ce sentiment et ne pas perdre sa capacité à s'émerveiller et à émerveiller. À Noël 1223, à Greccio, non loin d'Assise, François organisa une reconstitution, avec des personnages et des animaux vivants, de la naissance de Jésus à Bethléem, créant ainsi la première crèche. Il revêtit les habits de diacre (il ne reçut jamais la prêtrise) et prêcha avec ferveur devant les frères et les fidèles. Il traçait là une voie que les Frères mineurs allaient suivre de façon privilégiée au cours des siècles, celle d'une prédication vigoureusement expressionniste, jouant sur les récits et la mise en scène, le pittoresque et les détails concrets, les images et l'imaginaire afin de susciter l'émotion et de répondre au besoin de proximité avec le Dieu-Homme et sa famille ressenti de façon croissante par les hommes et les femmes de la fin du Moyen Âge.

Le Pauvre d'Assise voyait sa création lui échapper, grandir en prenant des contours qu'il n'avait pas envisagés et qui ne correspondaient pas à ce qu'il souhaitait. L'ordre des Mineurs s'institutionnalisait et se développait, avec des implantations hors d'Italie, en France, en Allemagne et en Angleterre ; il connaissait une normalisation qui, à bien des égards, était une condition de sa pérennité et de son efficacité au service de l'Église. La considérer comme une décadence serait une erreur, comme une trahison de l'esprit originel une simplification en forme d'injustice pour les frères qui assumaient l'héritage de François et pouvaient estimer que leur père spirituel était désormais incapable de définir clairement leurs missions et leurs fonctions. La trahison interviendra en 1230, lorsque le cardinal Hugolin, devenu pape, déclarera que les frères n'étaient pas tenus de respecter les prescriptions du *Testament* au même titre que la Règle ; ou lorsqu'on bâtira, à Assise, l'énorme basilique qui est aujourd'hui un haut lieu de pèlerinage. Dans l'immédiat, en 1223-1224, peut-être François a-t-il été tenté de se détourner de l'ordre, pressentant par ailleurs la fin de sa vie approcher. Quels qu'aient été son mécontentement et ses mouvements d'humeur, qui se laissent percevoir, il n'était pas dans son caractère d'entamer un combat au sein de l'institution. Le texte *La Vraie Joie*, composé par un auteur anonyme dans ces mêmes années, rapporte des paroles de François, qui s'imagine repoussé par ses propres frères alors qu'au cœur de l'hiver il vient frapper à la porte de la Portioncule : « Et tout en boue et froid et glace, je viens à la porte, et après que j'ai longtemps frappé et appelé, un frère vient et demande : “Qui est-ce ?” Moi je réponds : “Frère François.” Et lui dit : “Va-t’en ! Ce n’est pas une heure décente pour circuler ; tu n’entreras pas.” Et à moi qui insiste, à nouveau il répondrait : “Va-t’en ! Tu n’es qu’un simple et un illettré. En tout cas, tu ne viens pas chez nous ; nous sommes tant et tels que nous n’avons pas besoin de toi.” Et moi je me tiens à nouveau debout devant la porte et je dis : “Par amour de Dieu, recueillez-moi cette nuit !” Et lui répondrait : “Je ne le ferai pas. Va au lieu des Croisiers et demande là-bas.” Je te dis que si je garde patience et ne suis pas ébranlé, en cela est la vraie joie et la vraie vertu et le salut de l’âme. »

Le verre, ici, peut être vu à moitié vide ou à moitié plein… Retenons-en surtout la fin : ce ne sont pas des paroles d’amer désespoir.

Au cours des deux dernières années de sa vie, d’ailleurs, François semble avoir été plus serein, comme s’il avait surmonté l’amertume ou plutôt choisi de ne pas la laisser prendre le pas sur l’essentiel. Il continuait à prêcher, malgré ses souffrances. Les débuts de la composition du *Cantique de frère Soleil* (ou *Cantique des créatures*), au printemps 1225, intervinrent alors que commençait l’ultime dégradation de son état de santé. La nature lumineuse de l’Ombrie, il ne la verrait plus ; la souffrance, il la supporterait ; la mort, il l’accueillerait, puisqu’elle ouvrait sur la vie éternelle pour ceux qui s'étaient efforcés de tuer en eux ce qui les fermait aux autres.

« Loué sois-tu, mon Seigneur,
par ceux qui pardonnent par ton amour
et soutiennent maladies et tribulations.
Bienheureux ceux qui les supporteront en paix,
car par toi, Très-Haut, ils seront couronnés.

Loué sois-tu, mon Seigneur, par notre sœur Mort corporelle,
à laquelle nul homme vivant ne peut échapper.
Malheur à ceux qui mourront dans les péchés mortels !
Bienheureux ceux qu'elle trouvera en tes très saintes volontés,
car la mort seconde ne leur fera pas mal. »

À la fin de l'été 1224, les cavernes et abris rocheux des montagnes de La Verna (ou l'Alverne, en Toscane) avaient abrité François et quelques compagnons – dont Léon, l'ami très fidèle – pour une nouvelle retraite, semblable à celles que le Pauvre d'Assise n'avait jamais cessé d'effectuer entre deux missions au milieu des hommes. C'est là qu'aurait eu lieu sa stigmatisation, un jour de septembre. L'historien n'a pas à croire aux interventions divines, il a à mettre au centre de son travail le fait qu'on y ait cru, et à respecter la foi. Il peut écrire, sans contredire à cette dernière exigence, que ce qui s'est

La stigmatisation (détail).

déroulé à l'Alverne, s'il s'est déroulé quelque chose, ne correspond pas à ce que récits et images ont abondamment raconté au cours des années, puis des siècles qui suivirent la mort d'un homme ayant fait du Christ son modèle et qu'on présenterait désormais, au sein de l'ordre des Mineurs, comme l'*Alter Christus* (« l'autre Christ »).

François mourut à la Portioncule, là où tout avait commencé, dans la nuit du 3 au 4 octobre 1226. Il est sans doute le saint le plus influent de l'histoire du christianisme occidental, certainement le plus populaire.

Le message

L'humilité, au-dessus de tout

Quelques jours ou quelques semaines après la mort de François, le frère Élie annonça la stigmatisation de celui-ci dans une lettre encyclique adressée aux frères : « Et cela dit, je vous annonce une grande joie et la nouvelle d'un miracle. Le monde n'a jamais entendu parler d'un tel signe, si ce n'est dans le Fils de Dieu, qui est le Christ Seigneur. Peu de temps avant la mort, notre frère et père apparut crucifié, portant dans son corps cinq plaies qui sont les vrais stigmates du Christ. En effet, ses mains et ses pieds eurent comme les perforations des clous, percées de chaque côté, conservant les cicatrices et montrant la noirceur des clous. Quant à son côté, il apparut percé d'un coup de lance et laissa souvent échapper du sang. »

Le recoupement des témoignages par la critique historique montre que le corps de François présentait bien des marques. Il ne fait aucun doute que sa dimension de « stigmatisé » a été utilisée, sinon instrumentalisée, et ceci dès sa mort, au service du rayonnement de l'ordre comme de rivalités de pouvoir en son sein. En outre, ces marques, que Thomas de Celano décrit comme des excroissances de chair, non des plaies creuses (en dehors de celle sur le côté droit, « comme transpercé d'une lance par une blessure cicatrisée » de laquelle s'échappait souvent du sang), doivent être dissociées de ce qui a pu se passer à l'Alverne (c'est Thomas, là encore, qui donne le lieu et une date approximative, « deux ans avant de rendre l'âme au ciel »), expérience spirituelle extrême d'un homme qui vouait une intense dévotion à la croix et a certainement atteint, dans les mois qui précédèrent son décès, un degré très élevé dans son désir de participer aux souffrances du Christ. En imposant la croyance aux stigmates, puis en enclenchant un processus d'identification de François au Christ, en une sorte de « déification » qui suscita bien des critiques – y compris chez les protestants au XVIe siècle –, les autorités de l'ordre, main dans la main avec la papauté, sont allées très loin, trop loin sans doute. Mais si l'on en revient, ou plutôt si l'on en reste aux marques, le message est clair : c'est celui qu'a voulu transmettre François, qui justifie aussi que la vie racontée dans les pages qui précèdent a pris beaucoup de place par rapport à ce qui va suivre, car le message de François, plus que celui de n'importe quel autre saint personnage, est contenu dans son existence même.

Il faut donc commencer par là. « Suivre nu le Christ nu » impliquait, pour François, de placer la pauvreté au centre de sa vie quotidienne, de la considérer en quelque sorte comme un but en soi, d'en faire davantage encore que le critère d'une vie vertueuse donnant plus de crédibilité à la parole – comme cela le fut en particulier, au XIIIe siècle, pour les prédicateurs dominicains qui soutinrent la comparaison avec les Parfaits cathares bien mieux que n'avaient pu le faire les Cisterciens avant eux. François et le milieu des premiers frères, dont est issu le *Commerce sacré avec dame Pauvreté* composé probablement dans les années 1230, en font l'objet d'un don de soi et d'une quête : la pauvreté est à la fois la noble dame à laquelle on se voue, comme un vassal jurerait une fidélité absolue à son seigneur, et le Saint-Graal que l'on recherche, tels les chevaliers des chansons de geste. Pour rejoindre la montagne de clarté au sommet de laquelle se tient dame Pauvreté, ce que déclarent les deux vieillards du début du *Commerce* est précieux – les montagnards savent bien qu'on ne part pas seul en altitude : « Prends avec toi des compagnons fidèles pour user de leur conseil et avoir le soutien de leur aide dans l'ascension de la montagne. Car malheur à qui est seul ! S'il tombe, il n'a personne pour le relever. Mais à plusieurs, si l'un tombe, un autre le soutient. »

Dès le début, l'aventure de François n'est pas une aventure solitaire, mais une histoire de frères et de compagnons, qui se serrent les coudes, y compris face à l'angoisse : « Comme ils examinaient de tous côtés la montagne à gravir, à cause de sa hauteur et de son aspérité excessives, certains d'entre eux se disaient l'un à l'autre : "Qui gravira cette montagne et qui parviendra à son sommet ?"

Saisissant cela, le bienheureux François leur dit : "Resserrée est la voie, frères, étroite est la porte qui conduit à la vie et peu nombreux sont ceux qui la trouvent. Confortez-vous dans le Seigneur et dans la puissance de sa vertu, car tout ce qui est difficile vous sera facile…" »

Si leur expérience de vie religieuse paraît aux contemporains empreinte de nouveauté par rapport au monachisme traditionnel, ce qu'accentue son succès rapide (au XIIIe siècle, les ordres mendiants sont qualifiés de *novae religiones*), elle est pourtant fondée sur une réaction : ne pas vouloir exercer le droit de propriété, ni utiliser de l'argent, *a fortiori* dans le contexte socio-économique italien, c'est en effet refuser des éléments constitutifs de la modernité du temps. François considère que la propriété revient à priver l'autre de l'usage d'une chose ; quant à l'argent, il est source de désirs mauvais et de violence entre les individus. Les frères ont interdiction de l'accepter, et même de le toucher, position difficilement tenable que la papauté s'empressera d'assouplir dès 1230. Leur mission est d'aider ceux qui sont faibles, écrasés par le rouleau compresseur de l'injustice sociale et le pouvoir destructeur de l'argent.

Le choix de la pauvreté, par François et ses compagnons, ne s'évalue donc pas seulement en termes de niveau de vie ; il s'agit aussi de se placer dans une situation de fragilité, de précarité, dénué de toute protection. Si les « Frères mineurs » ne prennent pas le nom de « pauvres frères », dans les années 1210, cela leur permet certes de se démarquer des groupes portant la pauvreté en étendard et inquiétés pour hérésie ; mais c'est surtout parce que le modèle du Christ, humble et obéissant jusqu'à la mort sur la Croix, réside dans l'abaissement. Être *franciscain*, à l'origine, c'est refuser toute supériorité, y compris à travers la question de l'exercice du pouvoir, qu'a analysée avec une grande finesse Jacques Dalarun. Dans l'un des deux seuls écrits de sa main qui nous soient parvenus, un petit billet adressé à frère Léon, lignes tracées maladroitement dont le sens n'est pas aisé à interpréter, François se compare à une mère : « Frère Léon, salut et paix de ton frère François.

Je te dis ainsi, mon fils, comme mère, que toutes les paroles que nous avons dites en chemin, je les dispose et conseille brièvement en ce mot – et il ne faut pas venir à moi pour un conseil, car je te conseille ainsi – : de quelque manière qu'il te semble meilleur de plaire au Seigneur Dieu et de suivre ses traces et sa pauvreté, faites-le avec la bénédiction du Seigneur Dieu et mon obéissance.

Et s'il t'est nécessaire que ton âme revienne à moi pour une autre consolation, et si tu veux, viens ! »

Sicut mater (« comme mère »)... François, qui répugnait à toute construction institutionnelle, a utilisé la figure maternelle afin d'exprimer la renonciation au pouvoir et, dans le champ de l'institution, d'incarner le choix de la pauvreté évangélique. Nombre de mouvements monastiques réformateurs des XIe et XIIe siècles ont été caractérisés par le refus du titre d'abbé, hérité de la tradition monastique bénédictine devenue dominante en Occident au fil des siècles – et à l'origine, en particulier, des deux grands ordres religieux que furent les Clunisiens et les Cisterciens. Le terme *abbas*, issu du grec et de l'araméen *abba* (« père »), impliquait une autorité semblable à celle du père, à la fois bienveillante et très forte : certes désigné par les membres de la communauté, l'abbé avait pour rôle de briser les volontés individuelles afin de permettre au moine, par l'ascèse (l'oubli de soi), de parvenir à l'unité intérieure. Le refus de la paternité est à inscrire dans la référence à l'Évangile (Matthieu 23, 9 : « N'appelez personne votre "Père" sur la terre : car vous n'en avez qu'un, le Père céleste. ») et la tradition de la fin de l'Antiquité (chez saint Augustin notamment, qui s'appuie sur Cicéron) mettait en opposition le fait de régir, de gouverner et celui de dominer ; dans le cas de François, peut-être faut-il aller chercher aussi dans l'opposition à la figure autoritaire de son propre père.

À lire le *Cantique de frère Soleil*, exaltant la fraternité avec le monde, on passerait presque à côté de la maternité de la Terre, qui nourrit et gouverne les hommes :

« Loué sois-tu, mon Seigneur,
par notre sœur mère Terre,
laquelle nous sustente et gouverne
et produit divers fruits avec les fleurs colorées
et l'herbe. »

La figure maternelle est en outre très présente dans la *Règle pour les ermitages*, brèves instructions destinées aux frères séjournant en petits groupes de trois ou quatre. François y distingue les « mères » et les « fils », en des rôles comparés à ceux de Marthe et de Marie, les sœurs de l'évangile de Luc (10, 38-42) : les deux frères qui sont les mères doivent veiller aux besoins de leur(s) fils.

« Ceux qui veulent rester religieusement dans les lieux déserts, qu'ils soient trois frères ou quatre au plus ; que deux d'entre eux soient les mères et aient deux fils ou un au moins. Que les deux qui sont les mères mènent la vie de Marthe et que les deux fils mènent la vie de Marie ; et qu'ils aient un enclos dans lequel chacun aura sa cellule où prier et dormir. [...] Que les frères qui sont les mères s'appliquent à demeurer à l'écart de toute personne, et que, par obéissance à leur ministre, ils gardent leurs fils de toute personne, pour que nul ne puisse parler avec eux. Et que les fils ne parlent avec aucune personne, sinon avec leurs mères et avec leur ministre et custode, quand il leur plaira de les visiter avec la bénédiction du Seigneur Dieu. »

Le refus de la paternité est doublé par le choix du terme de « ministre » (étymologiquement, « serviteur »), que l'on va retrouver, avec celui de « custode » (« gardien »), dans l'organisation de l'ordre des Frères mineurs : à sa tête, un ministre général ; à celle d'une province, un ministre provincial, la custodie constituant un échelon encore inférieur et les fraternités locales étant placées sous l'autorité d'un « gardien ». Dans l'esprit de François, le supérieur n'en est pas un ; il est celui qui doit servir ses frères.

François donne sa tunique à un mendiant.

L'Église, malgré tout

Même dans le domaine de la culture, François, qui est d'une grande intelligence et loin d'être inculte (il sait lire et écrire, sans maîtriser toutefois le latin), aime à se présenter comme un *idiota*, un illettré… À ses yeux, la science mène à s'élever au-dessus des autres et les livres, objets de prix, à l'exercice du droit de propriété. Les études, la réflexion théologique ne font donc pas partie des projets du *Poverello* pour les siens (après sa mort, ceux-ci joueront pourtant un rôle majeur dans le développement des universités). Il respecte les théologiens, comme il le fait pour les clercs, membres de ce qui à l'époque est appelé l'Église « militante », c'est-à-dire terrestre, si lourde de problèmes et de pesanteurs. François est au départ un laïc, telle la majorité de ses compagnons, et même après avoir reçu le diaconat (sans doute en 1220) il reste, « dans l'esprit » pourrait-on dire, un laïc, qui ne devient pas moine ou religieux. Ses rapports avec l'institution ecclésiale ne sont pas dénués de méfiance et de tension ; mais il ne la remet pas en cause et bénéficie en son sein de soutiens importants : Hugolin, en particulier, cardinal protecteur des Frères mineurs avant d'être le pape qui mettra à distance certains principes de vie essentiels de la fraternité primitive, est l'homme qui sauve la fondation de l'échec. François a un sens aigu de la transcendance, mais aussi du don absolu de Dieu qu'a constitué son abaissement et sa venue au milieu des hommes (la kénose). Ce n'est pas un mystique, l'un de ces hommes ou femmes qui, à partir du XIIe siècle, recherchent l'union de l'âme avec Dieu et inquiètent de plus en plus les autorités ecclésiastiques car ils s'affranchissent de la médiation du clergé. Inquiétude justifiée, mais excessive : même les mystiques ont besoin de l'Eucharistie, donc du prêtre. François ne refuse pas le rôle médiateur des clercs et, contrairement à d'autres mouvements médiévaux, il ne conteste pas les sacrements ou ne subordonne pas leur efficacité à la dignité morale de ceux qui les administrent.

On l'aura compris, cet homme de l'extrême pauvreté n'est pas un « révolutionnaire » appelant à abattre les institutions en place. Il souffre indéniablement de les voir telles qu'elles sont, et de ce point de vue François est un exemple pour ceux qui souffrent dans leur fidélité à l'Église, à toutes les époques. L'idée de rébellion, cependant, ne correspond pas à la soumission vis-à-vis des personnes et des institutions qu'implique le fait de suivre le modèle du Christ, la *sequela Christi*. En outre, pour François, comme pour les hommes du temps, l'Église (*Ecclesia*) est bien autre chose que la seule institution ; c'est le corps mystique du Christ, l'ensemble des chrétiens, qui se confond avec ce que nous désignons désormais, au terme de plusieurs siècles de sécularisation, comme la « société ». François ne veut pas la détruire, ni même la réformer. « Un autre monde est possible », slogan scandé dans les années 2000, aurait pu être le sien. Encore faut-il être nuancé : François veut proposer une alternative, au sein d'une *fraternitas*, mais en vertu de son choix de soumission et d'obéissance il renonce à toute perspective d'efficacité, à toute prétention de diriger les événements. La mission des frères doit être entièrement gratuite, elle est de l'ordre du témoignage et de l'exemple, en se contentant, au mieux, d'appeler à la conversion. Contrairement aux moines, dont la pauvreté volontaire et individuelle s'insère dans des communautés acquérant collectivement richesse et pouvoir grâce aux donations des laïcs, ils doivent rester immergés dans la réalité sociale, vivre pauvres parmi les pauvres en travaillant et en ne recourant à la mendicité qu'en cas de nécessité. « Témoin de l'Évangile » : avec François, l'expression, si souvent employée dans nos églises contemporaines, prend tout son sens, de façon absolue.

Des textes sacrés, et de ceux auxquels il peut avoir accès, il retient des passages qui résonnent en lui comme des appels ; il les assemble, les déforme parfois un peu, au gré de sa sensibilité et de son univers mental. En soi, un tel rapport à l'Écriture pourrait mener à une attitude de rigueur morale fondée sur un littéralisme étroit ou une interprétation tendancieuse, une série d'injonctions à respecter dans la terreur d'être puni par Dieu ou ceux qui s'en réclament ; nous n'aurions pas alors, même à huit siècles de distance, à applaudir ce dont nous souffrons aujourd'hui. François, toutefois, demeure du côté de ceux qui considèrent, et ils sont majoritaires au Moyen Âge (quoi qu'on en pense), que « la lettre tue, mais l'esprit vivifie » (2 Corinthiens 3, 6).

L'harmonie, entre tous

Le Pauvre d'Assise prône, par l'exemple, une certaine façon d'être dans le monde, fondée sur l'humilité (dût-elle passer par l'humiliation), la non-violence et une relation à la nature mêlant, en la dépassant, la lecture symbolique caractéristique du Moyen Âge (le monde comme forêt de symboles) et une sensibilité extrême qui a frappé ses contemporains. Ce n'est ni de la mièvrerie, ni de l'écologie avant la lettre, mais le sentiment de s'inscrire dans une fraternité universelle créée par le Père et une façon de rendre grâce au Créateur. Le *Cantique de frère Soleil* en est l'expression :

« Loué sois-tu, mon Seigneur,
avec toutes tes créatures,
spécialement messire le frère Soleil,
lequel est jour, et tu nous illumines par lui. »

Les *Admonitions*, paroles de François à ses frères, montrent un enseignement : « Et toutes les créatures qui sont sous le ciel, chacune à sa façon, servent leur Créateur, le connaissent et lui obéissent mieux que toi. »

François prêche aux oiseaux.

Avec les animaux, y compris les plus inquiétants – ainsi le loup qui, selon le légendaire franciscain, terrorise la cité de Gubbio –, l'homme doit entretenir une relation fondée sur le respect et la non-violence, gage de cohabitation harmonieuse. En définitive, le message de François est un message de paix, avec tous et tout. Dire que le succès qu'il rencontre témoigne d'aspirations semblables à celles des mouvements *peace and love* de la seconde moitié du XXe siècle peut paraître surprenant, sinon choquant ; ce n'est pourtant pas plus anachronique, au contraire, que d'en faire un phénomène précurseur de la conscience écologique. Au nom de l'amour qui unit le Créateur à ses créatures, le monde n'est pas fui (comme le font les moines), ni diabolisé car mauvais ou impur (comme le jugent les Cathares) : l'homme doit y vivre en harmonie avec sa totalité.

La façon de vivre de François et ce qu'il s'est efforcé de dire à ses contemporains ont fasciné et fascinent encore. Le succès des *Fioretti* (« petites fleurs »), texte fixé en toscan avant 1396 (mais inspiré des *Actes du bienheureux François et de ses compagnons*, achevés dans les années 1330) depuis la fin du Moyen Âge en témoigne : ils ont largement modelé l'image de François telle qu'elle est aujourd'hui, relayés à partir du XIXe siècle par un romantisme qui n'aurait pas forcément déplu au *Poverello* mais dont il faut en partie se déprendre, sous peine de ne pas mieux comprendre ce dernier que si l'on en fait un rebelle partisan d'une lutte des classes avant l'heure. Frédéric Ozanam, professeur de littérature à la Sorbonne et auteur des *Poètes franciscains* en 1852, avait une conscience de la « question sociale » étroitement liée à sa fascination pour François. Dans une lettre de 1836, il écrivit que la Société de Saint-Vincent-de-Paul, dont il était l'un des fondateurs, devait jouer le rôle de François six siècles auparavant : se « précipiter, sinon pour empêcher, au moins pour amortir le choc » entre les hommes « qui ont trop et qui veulent avoir encore » et ceux « qui n'ont rien et qui veulent prendre si on ne leur donne pas ». Il y avait chez Ozanam, dans le contexte de la première moitié du XIXe siècle, une véritable angoisse de la lutte des classes. François lui apparaissait donc proposer une voie à suivre pour, en chrétien, éviter celle-ci.

L'idée était bonne ; il faut souhaiter qu'elle le soit encore. Sans doute est-il possible pour un être faisant le choix de la simplicité et de la cohérence, aux paroles et aux actes très forts, de dire la vérité, de dénoncer les injustices et d'être entendu sans monter les hommes les uns contre les autres et inciter à la violence. On objectera que cette voie-là a une efficacité limitée, et que pour obtenir justice et égalité il faut souvent savoir se battre. Certes, mais on connaît aussi les risques d'un tel choix ; et il n'est pas sûr, sur la durée et dans l'ampleur, que sa portée soit meilleure. Ne cherchons pas à trancher ici, de toute façon, dans un vieux débat (en est-ce vraiment un, d'ailleurs ?). François vivait au XIIIe siècle ;

il n'a pas à être mis en balance avec Che Guevara, et s'il avait vécu au XXe siècle il nous aurait peut-être surpris par son refus de l'angélisme et de la naïveté. Ce qui est sûr, c'est que Jorge Mario Bergoglio savait bien, le soir du 13 mars 2013, de quelles significations était porteur le choix, inédit pour un pape, du prénom de François : « Se déprendre de l'argent ; privilégier les pauvres ; repousser un pouvoir de domination et exercer, à l'inverse, un gouvernement de service ; refuser la logique de “choc des civilisations” ; tout centrer sur le Christ : voilà ce que dit le nom de François[1]. »

Ce choix a été très fort – et l'on pourrait même dire, si l'on ne craignait pas que cela paraisse en rabaisser ou dénaturer le sens, qu'il s'est agi d'une idée géniale. Reste évidemment à le traduire en actes. La visite de François aux migrants de l'île de Lesbos, le 16 avril 2016, n'a pas été un nouveau baiser aux lépreux ; mais il est clair qu'elle en avait la signification. Ses paroles sont des paroles de décloisonnement et de décrispation. Ainsi, dans un entretien avec des journalistes de *La Croix* paru le 17 mai 2016, au sujet des « racines chrétiennes de l'Europe » : « Il faut parler de racines au pluriel car il y en a tant. En ce sens, quand j'entends parler des racines chrétiennes de l'Europe, j'en redoute parfois la tonalité, qui peut être triomphaliste ou vengeresse. Cela devient alors du colonialisme.

1. Jacques Dalarun, *Le Monde*, 16 mars 2013.

Jean-Paul II en parlait avec une tonalité tranquille. L'Europe, oui, a des racines chrétiennes. Le christianisme a pour devoir de les arroser, mais dans un esprit de service comme pour le lavement des pieds. Le devoir du christianisme pour l'Europe, c'est le service. Erich Przywara, grand maître de Romano Guardini et de Hans Urs von Balthasar, nous l'enseigne : l'apport du christianisme à une culture est celui du Christ avec le lavement des pieds, c'est-à-dire le service et le don de la vie. Ce ne doit pas être un apport colonialiste. »

L'Histoire dira ce qui aura été fait par ce pape pour être un *pontife* – c'est-à-dire un bâtisseur de ponts – entre les hommes. D'ores et déjà, la dimension novatrice, sinon historique du simple choix de ce prénom a résidé, huit siècles après la rencontre entre un petit homme en haillons et le pape le plus puissant du Moyen Âge, dans l'identification de la tête de l'Église avec le message de celui qui voulait en être l'expression la plus humble.

L'héritage

Une famille religieuse

On l'aura compris, la grande difficulté à laquelle se heurtèrent François et ceux qui le suivirent fut le passage « de l'intuition à l'institution » (selon l'heureuse formule-titre du livre du frère Théophile Desbonnets). La seconde n'a pas forcément bonne presse aujourd'hui, qu'il s'agisse de l'Église chrétienne ou des partis politiques. On l'associe facilement à la rigidité, voire à la sclérose, en l'opposant au charisme individuel et à la spontanéité de mouvements collectifs d'indignation ou de proposition. Or les choses sont plus compliquées que cela, comme en témoigne toute l'histoire du christianisme en Occident, faite d'une tension constante, en forme de dialectique plus que d'opposition, entre l'action d'individus ou de groupes porteurs de régénération et des structures institutionnelles dont la capacité à intégrer les ferments de renouveau a varié selon les époques et les hommes qui les dirigeaient. Tâchons donc de ne pas donner le sentiment, au nom d'un François devenu une sorte d'« icône » (au sens où on l'entend aujourd'hui : une vedette planétaire, dont l'image peut servir de projection à bien des idées et des valeurs), qu'il faut négliger, voire rejeter la dimension institutionnelle de l'héritage du *Poverello*. Car celui-ci est bel et bien à l'origine d'une aventure extraordinaire, qui se poursuit sur tous les continents malgré les difficultés : l'existence d'ordres religieux, rassemblés dans ce que l'on désigne souvent comme la « famille franciscaine ». L'expression a du sens : dans les familles on s'aime, on se côtoie, on se chamaille, on s'affronte violemment parfois ; les figures du père et de la mère sont des modèles par rapport auxquels se construit une identité, dans la recherche de l'imitation (ce n'est pas la démarche la plus simple, ni forcément la plus saine) ou du décalage, mais aussi des formes de rivalité avec les autres membres de la fratrie.

Les Frères mineurs n'ont pris le nom de leur père (« Franciscains ») qu'au début du XVIe siècle, en réaction aux divisions et au morcellement devenus dramatiquement excessifs dans l'ordre, au bord de l'implosion. Depuis trois siècles, pourtant, la figure de François et l'exceptionnelle conformité de celui-ci au Christ n'avaient cessé d'être exaltées, de façon hyperbolique, jusqu'à une sorte de divinisation provoquant de violentes critiques : Luther et ses partisans, affrontant des maîtres franciscains en Saxe lors de disputes publiques dès 1518-1519, utilisèrent une accusation d'idolâtrie qu'ils n'eurent pas à inventer. L'*Alter Christus* ? Le projet de François était bien fondé sur l'imitation de Jésus-Christ, nous l'avons vu ; mais il y a eu ensuite une stratégie délibérée pour assurer la promotion de ce modèle

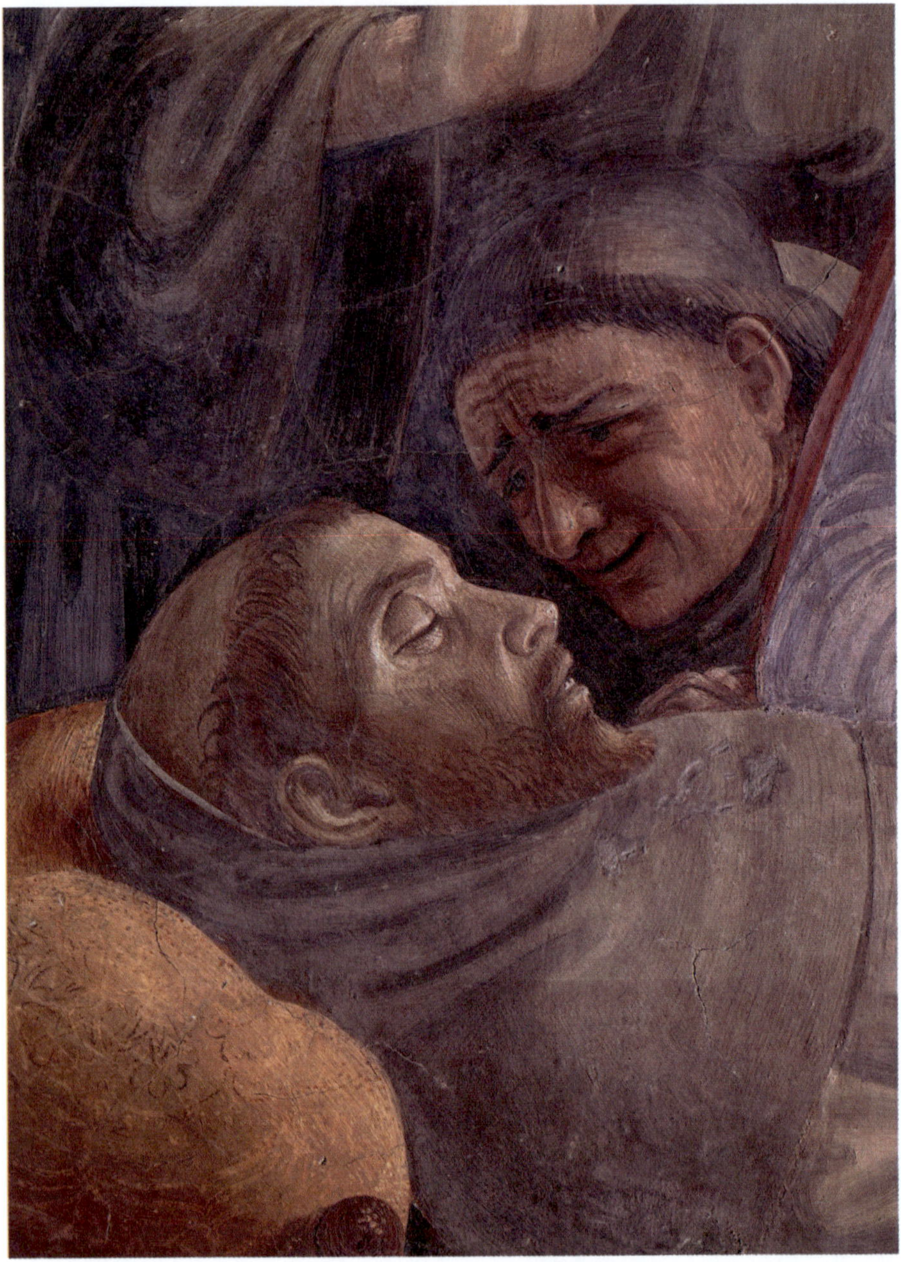

La mort de saint François (détail).

de vie chrétienne. La part doit être faite, ici, entre ce qui a été volonté des premiers compagnons et des témoins (rapporter les paroles et les actes de François, par la rédaction de textes semblables aux Évangiles et aux Actes...) et ce qui a été politique d'instrumentalisation de la sainteté de François, au service de l'ordre des Frères mineurs et de la papauté. Hugolin, devenu Grégoire IX, proclama la canonisation du *Poverello* le 16 juillet 1228, soit moins de deux ans après sa mort ; le record en dit long sur l'intention. En mai 1230, le corps du saint fut transféré dans la nouvelle basilique érigée à Assise ; il y fut tellement enfoui dans cet écrin d'insolente splendeur qu'on finit par ne plus savoir où était sa tombe, qui fut redécouverte lors de fouilles en 1818. N'ayons pas la critique trop facile : c'était de bonne guerre, pour ainsi dire, et les processus historiques à l'œuvre à partir du XIIIe siècle interdisent de ne raisonner qu'en termes de propagande ou de manipulation cyniques sur le modèle de phénomènes qui nous sont contemporains.

Sans doute François eut-il le sentiment, à la fin de sa vie, de ne plus véritablement être écouté au sein de l'ordre, alors même que la vénération dont il était l'objet faisait de lui, ou plutôt de son corps, un enjeu. Bien des aspects du *propositum vitae* (le « propos de vie ») qu'il avait conçu pour ses frères demeurant flous, voire intenables, les divergences d'interprétation et les querelles, qui sourdaient dès avant sa mort, ont miné l'unité de l'ordre. Face aux partisans de la fidélité totale à une interprétation stricte de la Règle, la tendance à l'assouplissement l'a emporté, jusqu'à mener à des affrontements très durs entre les « Conventuels » et le mouvement dit des « Spirituels », partisans d'une plus grande fidélité à la pauvreté évangélique, qui dans les décennies 1320-1330 fut l'une des principales cibles de l'Inquisition… laquelle avait été confiée, lors de sa création un siècle auparavant, aux Dominicains et aux Franciscains. Un processus en définitive assez semblable intervint au XVe siècle, lorsque les frères qui se posaient en continuateurs des Spirituels, les « Fraticelles », furent activement combattus par certains des principaux promoteurs de la réforme franciscaine de l'Observance. On a là une bonne illustration de la dialectique de l'intégration-exclusion à l'œuvre dans toute construction institutionnelle, fût-elle Église, ordre religieux ou parti politique, faisant du rejet des extrêmes l'un des outils de ceux qui, parmi les réformateurs, progressent vers le cœur du pouvoir.

Au-delà même du cas franciscain, si l'on scrute la nébuleuse que formèrent, à partir du XIe siècle, les mouvements fondés sur l'exaltation de la pauvreté et le modèle évangélique, la naissance puis la maturation de l'ordre des Frères mineurs ont indéniablement permis à l'Église de tracer plus nettement la frontière entre ce qui était acceptable et ce qui ne l'était pas. De ce point de vue aussi, il y a un « avant » et un « après » François d'Assise et la naissance des ordres dits « mendiants », ce qui témoigne de la capacité et de l'habileté de l'Église, institution globale ou totalisante, représentée par la papauté, à intégrer le charisme pour mieux le canaliser, le contrôler et tracer les limites à ne pas franchir. À travers les siècles, les positionnements de la hiérarchie n'ont cessé de refléter cette nécessité, de façon plus ou moins pertinente ou justifiée – le curseur, en la matière, pouvant être placé de façon différente selon la sensibilité de chacun : ainsi de la condamnation, par le Vatican, des « prêtres-ouvriers » dans les années 1950, avant que le concile Vatican II, en 1965, ne leur redonne une place au milieu des travailleurs ; ou encore du mouvement latino-américain de la « théologie de la libération », dont l'un des théoriciens, Leonardo Boff, sanctionné en 1985 par la congrégation pour la doctrine de la foi (présidée par le cardinal Ratzinger, futur Benoît XVI) était franciscain jusqu'à sa sortie de l'ordre et du sacerdoce en 1992. Le titre de l'un de ses livres, *François d'Assise, force et tendresse. Une lecture à partir des pauvres* (Éditions du Cerf, 1986), n'appelle guère de commentaires.

Un autre ouvrage, *Le Souci des pauvres. L'héritage de François d'Assise* (Calmann-Lévy, 1996), écrit par le généticien Albert Jacquart (décédé en 2013), très engagé dans nombre de combats sociaux et éthiques au cours de ces dernières décennies, montre bien comment la figure de François a acquis valeur d'emblème, en une relation tourmentée avec l'institution, facilement conçue comme éloignée, sinon opposée à la chaleur de la foi agissant parmi les hommes. L'idée n'est pas nouvelle et vient facilement à l'esprit, œuvrant à la popularité de certains personnages perçus dans la société comme acteurs d'un christianisme authentique, débarrassé de la gangue institutionnelle millénaire construite par les hommes. Au vrai, aucune autre famille religieuse que celle du « franciscanisme » n'a sans doute autant incarné, et avec une telle intensité, le rapport difficile à l'institution ; mais c'est aussi grâce à l'institution qu'elle a pu agir dans le monde avec une ampleur inégalée.

Les discussions, dissensions et affrontements au nom de la fidélité à saint François ont été d'une extraordinaire intensité à travers les siècles. On voit bien aujourd'hui que se réclamer de l'héritage idéologique ou spirituel d'un personnage peut s'accompagner d'un rapport assez éloigné à la réalité de ce que prônait ce personnage. Il s'agit de la fidélité à une image construite, plus ou moins précise ; à un ensemble de valeurs que, de façon quasi *totémique*, on raccroche à la figure fondatrice. L'ordre des Frères mineurs a connu, à partir de la fin du XIVe siècle, des dynamiques réformatrices exprimant une exigence de retour à une plus stricte « observance » de la Règle, qui ont donné lieu à une assez grande diversité de mouvements et de ramifications. Au cours d'une large première moitié du XVe siècle, la progression des réformes dites de l'Observance en Europe fut spectaculaire, grâce à l'action de personnages comme Colette de Corbie (dont l'héritage a marqué l'identité d'une petite ville comme Poligny, dans le Jura) et Bernardin de Sienne (au prodigieux succès de prédicateur dans l'Italie des débuts de la Renaissance), ou Jean de Capistran (proclamé « apôtre de l'Europe » par le pape en 1956) et Jacques de la Marche. Ces deux derniers religieux parcoururent l'Europe centrale et la Hongrie, jusqu'aux portes des Balkans. Figures très populaires en Italie, ils furent aussi des inquisiteurs (contre les derniers Fraticelles ou adeptes d'une pauvreté trop extrême), des combattants de la foi et des missionnaires, violemment hostiles aux juifs, prêchant la croisade contre les Turcs ottomans. Il n'est pas sûr qu'à deux siècles de distance, François et eux aient partagé les mêmes convictions et adopté les mêmes pratiques.

En 1517, par la bulle *Ite vos*, le pape Léon X entérina l'impossibilité, pour les Frères mineurs, qui formaient le plus important des ordres religieux sur le plan numérique, de demeurer dans l'unité. La scission en deux ordres distincts, Conventuels (désormais minoritaires) et Observants, ne mit pas fin aux querelles. Disciples de Pierre d'Alcántara prenant le relais des premiers « Déchaux » de la fin du XVe siècle dans la péninsule ibérique, Récollets sur les espaces français, flamand et germanique, *Riformati* en Italie formèrent au XVIe siècle des branches autonomes qui ne furent réunies qu'en 1897 sous l'appellation d'ordre des Frères mineurs, distinct encore aujourd'hui de celui des Frères mineurs conventuels (OFM Conv.). Une autre expérience de retour à la Règle, menée dans la province franciscaine des Marches vers 1528-1529, déboucha sur l'érection d'un nouvel ordre indépendant en 1619 : les Capucins, qui reçurent au XVIIe siècle, de la congrégation de Propaganda Fide, des territoires de mission au Proche-Orient, en Afrique, au Canada et aux Antilles. La double vocation au retrait hors du monde et à l'apostolat (déployé sur les terres de christianisation ou contre le protestantisme et dans les campagnes) caractérisa également les Déchaux – arrivés à Mexico en 1524 – et les Récollets – qui, contrairement aux Capucins, ne devinrent pas indépendants.

Ce n'est pas le lieu, dans ces pages, de décrire l'influence de l'ordre franciscain sur la civilisation occidentale. Elle concerne à la fois la vie religieuse et la pastorale, la culture et l'activité intellectuelle, la civilisation urbaine et l'édification de la ville occidentale – en un arc allant de la conception de la cité et des représentations qui en ont été véhiculées, jusqu'à la normalisation des comportements et au contrôle social en passant par les transformations de la topographie et de l'aménagement de l'espace. Tout n'est pas héritage de François, loin de là ; mais sans lui, la famille franciscaine n'aurait pas existé. Tout n'a pas été conforme, dans cette histoire, aux valeurs qu'il avait prônées ; mais les frères et les sœurs sont sans doute les premiers à en avoir conscience. Ils sont aujourd'hui encore plus de 17 000 (au moins 13 000 Frères mineurs et 4 000 Frères mineurs conventuels), les Capucins environ 10 000 et les Clarisses probablement 15 000, auxquels il convient d'ajouter le troisième ordre, dont l'existence depuis la fin du Moyen Âge témoigne de façon spectaculaire de l'impact qu'a eu sur la société le message de François et de la recherche que n'ont cessé de mener des hommes et des femmes soucieux de concilier celui-ci avec un engagement de laïcs (ou en tout cas, sans faire profession de vie religieuse cloîtrée) dans le monde. L'ordre franciscain séculier, ou fraternité franciscaine séculière, compte de nos jours plus de 400 000 membres, pour lesquels François d'Assise constitue encore, au quotidien, le modèle de leur vie chrétienne.

Une spiritualité centrée sur le Christ

Il y a le message, et puis il y a l'héritage, qui est ce que l'on en a fait. Après le transfert du corps de François à Assise en 1230, le souvenir du saint a été rattaché à des lieux. Comme le discours officiel de l'ordre exaltait l'*Alter Christus*, certains de ces lieux, sacralisés par sa présence, ont fait l'objet d'une surévaluation religieuse, Greccio, lieu de la première crèche, devenant un nouveau Bethléem, et l'Alverne, lieu de la stigmatisation, un nouveau Golgotha, pour déboucher sur la constitution – en quelque sorte – d'une autre Terre sainte, renforçant le parallèle avec le Christ. Déjà présents au XIIIe siècle auprès des croisés et des pèlerins de Palestine et de Syrie, où ils avaient fondé une province, les Frères mineurs revendiquèrent la garde des lieux saints en se fondant sur une lettre de Clément VI de 1342. Leur couvent, bâti sur le mont Sion, incorporait la salle du Cénacle, où la tradition plaçait la Cène (le dernier repas du Christ) ; ils en furent expulsés par le sultan ottoman Soliman au XVIe siècle. Aujourd'hui encore, ils sont très présents dans les sanctuaires de Terre sainte. Par-delà même la façon dont l'ordre a développé l'idée de la conformité de son fondateur

François prie devant le crucifix de l'église Saint-Damien.

au Christ, cependant, François a, dès l'origine, noué un lien très fort avec Jésus souffrant. C'est ce qu'exprime l'épisode du crucifix de Saint-Damien, que l'on peut placer à la fin de l'année 1205. La *Légende des trois compagnons* rapporte que « comme il passait près de l'église Saint-Damien, il lui fut dit en esprit d'y entrer pour prier. Une fois entré, il commença à prier avec ferveur devant une image du Crucifié, qui parla avec piété et bienveillance en lui disant : « François, ne vois-tu pas que ma maison tombe en ruine ? Va donc et répare-la-moi ! »

François fut bouleversé, puis rempli de joie « et éclairé d'une si grande lumière qu'il perçut vraiment en son âme que c'était le Christ crucifié qui lui avait parlé ». L'image de la Passion, ici, n'est pas source de tristesse, mais elle le guide en lui indiquant ce à quoi il doit se consacrer. Il nous faut donc, toujours, revenir au Pauvre d'Assise et à son expérience intime.

La spiritualité de la fin du Moyen Âge a eu un caractère christocentré marqué ; toutefois, l'apport franciscain aux dévotions liées au culte de la Passion, mais aussi à celui de Marie, la mère aimante et souffrante du Dieu-Homme, a été très important. Nous sommes ici sur un terrain, le principal – celui des douleurs du Christ et de sa mère, celui de la proximité affective, « com-passionnelle », des fidèles et de leur Sauveur –, dont il n'est pas question d'attribuer l'exclusivité à la pastorale franciscaine, mais pour lequel il est impossible d'ignorer l'impulsion donnée par cette dernière. À partir de saint Bonaventure, l'un des grands intellectuels du XIIIe siècle, ministre général de l'ordre de 1257 à 1274, surnommé « docteur séraphique » par l'Église (ce terme de « séraphique » a ensuite été associé à l'ensemble de l'ordre), la spiritualité franciscaine a principalement consisté en une démarche visant, par la contemplation affective du Christ frère, le partage de sa pauvreté et de sa souffrance, à s'élever vers Dieu. Sur le plan théologique, la pensée franciscaine s'inscrit davantage dans un courant séculaire qualifié traditionnellement d'« augustinien » que dans la recherche de l'alliance entre foi et raison ayant donné naissance, avec la redécouverte des textes d'Aristote, à la théologie dite « scolastique » – illustrée avant tout, au moins au début, par Thomas d'Aquin et les intellectuels dominicains. Les maîtres spirituels franciscains de la fin du Moyen Âge insistèrent ainsi sur la méditation, qui pouvait mener à la mystique, c'est-à-dire à l'union de l'âme avec Dieu. Au XVe siècle et au début du XVIe, ils composèrent de véritables guides pour méditer sur les différents moments de la Passion du Christ, mais aussi plus largement sur sa vie et celle de la Vierge. Même un prédicateur à succès et un missionnaire ardent comme Jean de Capistran souligna en novembre 1452, dans une lettre adressée au gardien du couvent de Nuremberg – auquel il confiait la formation des jeunes frères recrutés en Allemagne par la force de sa parole –, que leur apprentissage de la méditation sur la Passion devait être lié à une méditation sur leur propre mort, l'oraison mentale ayant pour objectif de leur permettre de mieux se connaître pour mieux connaître Dieu. Le réformateur de l'Observance avait ajouté en 1443 aux recommandations du chapitre V de la Règle (consacré au travail), dans une optique de complémentarité avec les activités physiques, la notion d'« exercices spirituels », que l'on associe en général à Ignace de Loyola, fondateur des Jésuites au siècle suivant. Mais la spiritualité de celui-ci, fortement christocentrée, dut beaucoup à l'influence franciscaine et à la capacité, développée en particulier par les maîtres du XVe siècle, de créer, par la méditation, de véritables images mentales. Or il y avait là un pont vers la masse des fidèles, qui ne furent pas laissés sur le bord de la route.

Si la spiritualité franciscaine a donc très fortement irrigué la mystique chrétienne dès la fin du XIIIe siècle, du côté des hommes comme des femmes (songeons notamment à la tertiaire Angèle de Foligno, morte en 1309), elle s'est en effet aussi répandue par le biais de la pastorale vigoureusement expressionniste des prédicateurs franciscains, fondée sur la vision et l'émotion, qui a largement contribué à développer, chez les fidèles, le sentiment de compassion et le besoin de proximité avec le Christ. Dans la lignée de ce que l'on peut appeler l'« école franciscaine », le maître en la matière,

Bernardin de Sienne, partageait avec son auditoire le goût de la dramatisation, au sens théâtral du terme, jouant sur le double registre du pathétique et du réalisme, sur l'alternance de monologues et de dialogues, sur la mise en scène d'un détail, sur l'émotivité des fidèles : autant de procédés faisant appel à l'imaginaire, empruntant à la littérature spirituelle et au théâtre sacré ; et, d'une façon générale, nourris par l'enrichissement dramatique dont les récits de la vie et de la mort de Jésus avaient fait l'objet par le biais des évangiles apocryphes et des récits de voyage en Terre sainte. Voilà comment, peu à peu, se forgeaient des représentations et se structuraient les consciences.

Ainsi la fin du Moyen Âge a-t-elle été marquée par de très nombreuses fondations de chapelles de la Passion, de la Sainte-Croix, du Saint-Sépulcre ou de Notre-Dame-de-Pitié, mais aussi de chapelles dites « de Bethléem », fréquemment liées à une présence franciscaine. À partir des dernières années du XVe siècle et du début du XVIe, la dévotion à la Passion a été au cœur de la création d'itinéraires et de complexes dévotionnels, faits de stations ou d'oratoires reliés entre eux, qui ont constitué la forme primitive des chemins de croix. À l'origine de ces sanctuaires s'est souvent trouvé l'initiative ou l'accompagnement de quelques frères, en particulier des réformateurs observants. Il faut ici distinguer les complexes monumentaux situés à l'extérieur des villes, comme les *Sacri Monti* italiens (neuf d'entre eux, en Piémont et en Lombardie, sont inscrits au patrimoine mondial de l'Unesco) et les « Mont-Calvaires » (ou *Kalvarienberge* dans le monde germanique) situés dans l'espace urbain et périurbain. Les premiers furent le cadre d'une reproduction de la Terre sainte et des épisodes de la vie du Christ, comme à Varallo, en Piémont (le plus ancien et peut-être le plus célèbre des *Sacri Monti*), fondé en 1491 par le franciscain observant Bernardin Caimi, qui avait été custode de la custodie de Terre sainte, afin que – précisait une inscription placée au début du parcours – « puisse voir Jérusalem, ici, celui qui ne pouvait voyager ». À la fin du XVIe siècle, un mont Sacré fut même entièrement dédié à l'*Alter Christus*, au lac d'Orta. Les seconds résultèrent de l'assimilation du paysage et de la topographie de la ville à ceux de Jérusalem et du drame de la Passion. Pris dans le tourbillon des bouleversements de l'urbanisme, ils ont été beaucoup moins conservés ; n'en subsistent souvent que quelques traces et, à l'extérieur des anciennes murailles, le Calvaire proprement dit, constitué du Christ crucifié entouré des deux larrons et du Saint-Sépulcre, comme on peut encore le voir à Romans-sur-Isère pour le « grand voyage » fondé en 1516 par un marchand de la ville avec des Franciscains.

Le chemin de croix mettait en œuvre un processus de contraction, de tassement de l'espace déjà perceptible dans certaines représentations théâtrales

(les « mystères » des XVe et XVIe siècles) ; il était par essence re-création d'un espace lointain désormais intégré à l'horizon familier de l'existence des fidèles qui étaient ainsi invités à mettre leurs pas dans ceux du Christ, à être intégrés au drame sacré pour en devenir acteurs autant que témoins afin de ressentir ce que, jusqu'alors, seuls les pèlerins de Jérusalem pouvaient ressentir. L'insertion des pratiques dévotionnelles dans un espace organisé relevant à la fois du paysage, du décor et de l'itinéraire processionnel invite à scruter le lien avec les pratiques théâtrales : c'est en plein « âge des mystères » que le phénomène des complexes dévotionnels a éclos. Ce lien essentiel avec le théâtre religieux, qui a pu se manifester notamment par la contribution de certains auteurs de pièces théâtrales à la rédaction de livrets de pèlerinages, était sous-tendu par le « réalisme » placé au cœur de la démarche des artistes comme des fidèles. En Pologne, à 40 kilomètres au sud-ouest de Cracovie, le sanctuaire de Kalwaria Zebrzydowska – inscrit au patrimoine mondial de l'Humanité en 1999 – est encore le lieu d'un pèlerinage permanent, mais aussi d'une mise en scène collective annuelle de la Passion. Il s'agit d'un complexe de quarante-quatre chapelles formant le chemin de l'arrestation, le chemin de croix et le chemin de la Vierge, qui a été créé au XVIIe siècle à l'initiative du voïvode Nicolas Zebrzydowski ; depuis 1947, il constitue également le cadre d'un mystère de la Passion – du dimanche des Rameaux au Vendredi saint – dont le texte a été écrit après la Seconde Guerre mondiale par le père franciscain Augustyn Chadam en s'inspirant de celui d'Oberammergau (Haute-Bavière), où un *Jeu de la Passion* est représenté tous les dix ans depuis 1634.

Une éthique économique

De façon *a priori* paradoxale, c'est aussi dans le domaine de l'éthique économique que l'action des penseurs franciscains a été très influente. Des intellectuels, universitaires (alors que François, on l'a dit, n'était pas favorable aux études) réfléchissant sur la question de l'argent et du profit (que François méprisait)… En fait, le renversement n'est pas total. Car si des disciples du *Poverello* se souciaient, quelques décennies seulement après sa mort, de morale économique, c'est d'abord en raison même de son indignation fondatrice, mais aussi parce que la vocation des frères était d'être des pasteurs. Or les marchands, en fort mauvaise posture par rapport aux préceptes chrétiens du temps, constituaient un milieu particulièrement touché par l'action pastorale des Frères mineurs, lesquels avaient souvent des liens familiaux avec ce groupe en plein essor dans les villes du XIIIe siècle.

Ce sont donc des Franciscains qui, avec des Dominicains, ont été en première ligne dans la réflexion destinée à légitimer l'activité des marchands et à s'adapter aux évolutions socio-économiques, jugées inévitables, tout en tentant d'imposer des règles du jeu. Ils ne furent pas les seuls, certes, aux XIIIe et XIVe siècles ; tous s'appuyaient sur la réflexion d'Aristote (dans l'*Éthique à Nicomaque*) relative à la monnaie et à l'échange. La spécificité des penseurs franciscains de la fin du XIIIe et du début du XIVe siècle (l'Écossais Jean Duns Scot, les Méridionaux Pierre de Jean Olivi et Guiral Ot) a résidé dans une attention marquée à la dimension concrète de l'échange économique. Ils affirmèrent la moralité de la manipulation capitaliste de l'argent, mais l'immoralité de sa manipulation financière : l'argent en tant que capital, que l'on travaillait comme on travaille un vignoble, n'était pas stérile ; mais l'argent sans un travail soigné ne pouvait rien produire, ce qui était moralement inacceptable. Ils proposèrent une théorie de l'utilité sociale de la richesse : il fallait pouvoir mettre à disposition des habitants des villes les biens de consommation indispensables, d'où la nécessité des marchands et la licéité de leurs gains. Enfin, le prêt à intérêt fut légitimé grâce à la notion essentielle de *lucrum cessans*, c'est-à-dire de préjudice causé par le prêt (impliquant donc réparation), puisque l'argent que le prêteur prêtait, il ne pouvait le faire fructifier pendant ce temps.

La réflexion des Frères mineurs a nourri les débats universitaires. Ces questions extrêmement complexes ne doivent pas masquer les problèmes simples qu'il s'agissait de résoudre : encourager une attitude de charité dans un monde d'avidité croissante ; favoriser le « juste prix » dans une société de plus en plus envahie par la recherche du profit ; promouvoir une éthique personnelle fondée sur la morale de l'intention et, dans l'organisation de la vie collective, la notion de redistribution. Le fait que des partisans de la pauvreté extrême (c'était notamment le cas d'Olivi) aient produit une théorie de l'utilité sociale de l'activité économique n'est paradoxal qu'en apparence : c'est parce que les Franciscains avaient fait le choix du renoncement au monde (par leurs vœux solennels) qu'ils se devaient de conseiller ceux qui ne refusaient pas les règles de fonctionnement socio-économiques, mais pouvaient, à défaut d'accéder à la perfection évangélique, se rapprocher de Dieu.

Une culture de la paix

Les conceptions franciscaines furent transmises à la société par le biais de la prédication. Au XVe siècle, la pensée de Bernardin de Sienne n'avait rien d'original ; elle était largement influencée par ses prédécesseurs. Mais sa parole avait une très grande audience, puisque ses sermons dans les cités d'Italie attiraient des milliers de fidèles et qu'il faisait figure d'autorité morale majeure. Il continuait à diffuser ce que l'on a pu appeler une « culture franciscaine de la paix », qu'il faut concevoir aussi bien à l'échelle de la concorde entre groupes sociaux dans les villes qu'à celle des relations entre confessions religieuses et civilisations.

Dans les cités d'Italie, on l'a vu, François et ses compagnons consacrèrent dès le début une partie de leur action à la pacification. L'épisode de l'exorcisme d'Arezzo, représenté par Giotto entre 1295 et 1300 dans la basilique supérieure d'Assise, renvoie à un événement survenu sans doute en 1217 et rapporté dans plusieurs récits, notamment la seconde *Vie* (*Vita secunda*) de Thomas de Celano : « Non seulement les paroles de François étaient puissantes en sa présence, mais, transmises parfois par d'autres, elles ne revenaient pas sans effet. Il arriva de fait qu'il vint une fois à la cité d'Arezzo, alors que précisément toute la cité, secouée par une guerre civile, courait le danger d'une prochaine destruction. Ayant donc reçu l'hospitalité dans un bourg en dehors de la cité, l'homme de Dieu voit des démons qui exultent sur cette terre et des citoyens mettant le feu pour massacrer leurs concitoyens. Appelant par son nom frère Sylvestre, un homme de Dieu d'une digne simplicité, il lui fit cette prescription : "Va devant la porte de la ville et, de la part de Dieu tout-puissant, ordonne aux démons de sortir tout de suite de la cité !" La pieuse simplicité se hâte de faire preuve d'obéissance et, se présentant devant la face du Seigneur pour sa louange, il crie devant la porte avec force : "De la part de Dieu et sur l'ordre de notre père François, tous les démons, retirez-vous loin d'ici !" Peu après, la cité revient en paix et ses habitants gardent entre eux les lois de la civilité dans une grande tranquillité. »

Dans une ville déchirée entre factions rivales, François, qui, on le sait, n'a pas été autorisé à prêcher et n'est pas encore clerc (il ne recevra d'ailleurs jamais la prêtrise), se tient en retrait par rapport au frère Sylvestre, à qui il a délégué son pouvoir comme le Christ l'avait fait avec les apôtres pour lutter contre les démons ; Sylvestre, qui lui est prêtre, s'exécute. L'exorcisme est donc à la fois l'effet de l'humilité et de l'obéissance, véritables fondements de la vie franciscaine.

L’exorcisme d’Arezzo.

En ce qui concerne les relations avec les autres religions, François a incontestablement laissé un message en faveur de l'usage de la parole et de la non-violence vis-à-vis des populations non chrétiennes. Dans son esprit, toutefois, il s'agissait bien d'essayer de les convertir, comme le montre la visite chez le sultan d'Égypte Al-Kâmil (1219), événement fondateur de la vocation missionnaire franciscaine. À partir du XIIIe siècle, Frères mineurs et Frères prêcheurs ont été très actifs en Terre sainte et plus largement en Orient, recherchant la conversion par la parole, entre controverse et prédication, ce qui passait par l'apprentissage de la langue arabe. Ce furent eux, aussi, qu'on chargea de nouer des contacts avec le grand khan mongol afin de le convertir et de prendre les musulmans à revers. Ainsi le franciscain Jean de Plan Carpin et le dominicain Ascelin de Crémone furent-ils envoyés par Innocent IV en 1244-1245 ; le prêcheur André de Longjumeau, par saint Louis cinq ans plus tard. Guillaume de Rubrouck, Frère mineur plein d'appétit de vivre et de curiosité, envoyé par le même roi en 1253-1254, alla jusqu'à Karakorum ; il a laissé avec son *Voyage dans l'Empire mongol* un exceptionnel récit, quasi ethnographique, plusieurs décennies avant qu'un autre franciscain, Odoric de Pordenone, dicte en 1330 une *relatio* de son périple en Extrême-Orient (Inde, Chine, Indonésie) qui connut un grand succès à la fin du Moyen Âge, comparable à celui du *Livre des merveilles* (ou *Devisement du monde*) de Marco Polo. On peut aussi y ajouter ce qu'écrivit Jean de Marignol dans sa *Chronique* au sujet de son voyage en Asie, jusqu'à Ceylan, dans les années 1340, en tant que légat pontifical. Tous ces textes contribuèrent à élargir l'horizon géographique des hommes d'Occident, par les informations précises qu'ils contenaient, mais vinrent aussi nourrir un imaginaire de l'Orient lointain et mystérieux en véhiculant bien des éléments étonnants, voire effrayants. Dans l'Empire mongol, la première implantation d'une Église catholique fut en grande partie l'œuvre des Franciscains à la suite des efforts du frère Jean de Montecorvino, envoyé par le pape en 1289 puis premier archevêque de Pékin (Khanbalik) de 1307 à sa mort en 1328.

L'héritage de François est donc porteur de paix, d'ouverture et de rencontre. Huit cents ans après sa mort, ses (étroites) épaules ont un poids bien lourd à porter, d'autant que, depuis la rencontre des religions du 27 octobre 1986, l'« esprit d'Assise » est censé entretenir la flamme du dialogue interreligieux pour la paix. Juste après son élection au pontificat, le 5 novembre 1978, Jean-Paul II s'était rendu dans la cité du *Poverello* ; c'est à elle qu'il pensa lorsque lui vint l'idée de réunir des représentants d'Églises chrétiennes et de religions ou de sagesses non chrétiennes (celles-ci furent vingt-huit à répondre à l'appel) afin d'« être ensemble pour prier, et non pas prier ensemble ». Ce faisant, il renforçait encore un peu plus l'association entre la figure de François et l'harmonie entre les hommes qu'illustre à sa façon le succès de la *Prière de saint François* au XXe siècle.

> « Seigneur, faites de moi un instrument
> de votre paix.
> Là où il y a de la haine, que je mette l'amour.
> Là où il y a l'offense, que je mette le pardon.
> Là où il y a la discorde, que je mette l'union.
> Là où il y a l'erreur, que je mette la vérité.
> Là où il y a le doute, que je mette la foi.
> Là où il y a le désespoir, que je mette
> l'espérance.
> Là où il y a les ténèbres, que je mette
> votre lumière.
> Là où il y a la tristesse, que je mette la joie.
> (…) »

Cette prière pour la paix fut en fait composée en 1912 par un prêtre français, Esther Bouquerel, et attribuée à François en 1927 seulement. Depuis 1961, une marche pour la paix a lieu en septembre entre Pérouse et Assise ; c'est l'un des rendez-vous importants des mouvements et militants pacifistes. On pourrait multiplier les exemples d'initiatives et de références symboliques associant la cité d'Ombrie et le désir de paix. Un chemin pour randonneurs (et) pèlerins, qualifié de « chemin de paix », a ainsi été créé entre Vézelay (où la Cordelle fut la première implantation franciscaine en France) et Assise. Il est permis de trouver que cette ville exhale aussi les odeurs de l'industrie du pèlerinage et que son charme en pâtit ; après tout, c'est là la conséquence d'un processus séculaire qui a fait des lieux de la vie de François, l'autre Christ, une sorte d'autre Terre sainte. Il est permis de penser que tout n'est pas « chimiquement pur » autour du culte rendu à François : envers et rançon du succès extraordinaire d'un homme dont on a fait, comme l'écrivit Ernest Renan, « le seul parfait chrétien » depuis Jésus, un saint suspendu dans l'atemporalité – porteur de valeurs universelles, pour toutes les époques – que l'historien doit rendre à l'Histoire, comme s'est efforcé de le faire André Vauchez dans sa récente et magistrale biographie. Il ne s'agit pas seulement d'une question de rigueur scientifique ou d'honnêteté intellectuelle ; mais en faisant de François la mesure – inégalée et inégalable – de toute chose, on risque de fausser l'ensemble du regard porté sur l'Histoire.

Un gouvernement de service

Si l'un des principaux héritages de François réside donc dans une injonction de paix et d'harmonie, il est un domaine récemment mis en lumière, notamment par Jacques Dalarun (*Gouverner c'est servir : essai de démocratie médiévale*) auquel on pense moins spontanément alors qu'il est pourtant étroitement lié à l'essence même de la vocation des Frères mineurs : celui de l'exercice du pouvoir. Il se pose à tous, à toutes les époques, dès lors qu'il s'agit de passer d'une expérience souple et informelle à une structure, à une construction institutionnelle. Il s'est posé à François de façon extrême, parce que son choix d'humilité totale était extrême ; mais avant lui, il s'était dressé comme un véritable obstacle à franchir, une contradiction à résoudre pour tous ceux qui, ayant fait le choix de la vie spirituelle, se retrouvaient à accéder aux responsabilités, donc à une position de supériorité. On a vu que plusieurs mouvements monastiques du XIIe siècle avaient refusé le titre d'abbé, et que François avait exprimé son désir de renonciation au pouvoir par l'usage, non de la figure du père, mais de celle de la mère. Une telle attitude est à relier à ce que Jacques Dalarun appelle « le paradoxe chrétien de l'Occident médiéval » : celui d'une société fondée sur la domination et l'ordre, mais qui n'a cessé d'exalter l'humilité et de porter sa dévotion vers les hommes et les femmes faisant le choix du renoncement. Le modèle, évidemment, était celui du Christ. À ce nouvel art de gouverner, les communautés religieuses médiévales ont servi de laboratoires. Il ne s'est pas agi d'un renversement de valeurs ponctuel ayant valeur de rituel, tel le « pouvoir du faible » mis en évidence par des anthropologues (dans des situations de crise, c'est à des personnages en situation habituelle de faiblesse ou d'infériorité qu'il revient de rappeler à la communauté ses valeurs et sa cohésion), mais bien d'une aspiration structurelle traversant le Moyen Âge, sans cesse revivifiée par le leitmotiv de la *reformatio* et les appels au réveil religieux.

Ainsi, les expériences initiées entre la fin du XIe siècle et le début du XIIIe siècle par Robert d'Arbrissel à Fontevraud, Pierre Abélard au Paraclet, Étienne de Muret à Grandmont, mais aussi, donc, chez les Prêcheurs (Dominique de Guzman) et les Mineurs, ont connu trois phases : celle de l'esprit de Pentecôte, au cours de laquelle aucun lien n'était fait entre l'origine sociale, le niveau d'instruction, le statut canonique et la distribution des fonctions au sein du groupe ; celle de l'institutionnalisation, tentant de sauver « l'esprit d'ouverture universelle et d'humilité mutuelle par un renversement de la hiérarchie ressentie comme naturelle » (J. Dalarun) ; enfin, celle de l'échec, plus ou moins marqué, dont témoignent avec une particulière acuité la cléricalisation et la sacerdotalisation de l'ordre des Mineurs, que le successeur désigné par François, Élie, ne parvint qu'à retarder. Au-delà, toutefois, s'annonçaient des victoires : la mémoire des origines n'a cessé de rappeler, au sein de ces familles religieuses, quel devait être l'horizon idéal ; en outre, la promotion de l'indignité portait en germe l'avènement de la compétence, à rebours de l'idée que certains, *ex natura*, seraient faits pour dominer, d'autres pour se soumettre.

L'idée que le service des autres soit au cœur de l'exercice du pouvoir a une grande résonance dans l'Église catholique, à l'heure où le pape François remet à l'honneur le lavement des pieds, comme il l'avait déjà fait lors du Jeudi saint de 2001, après son élévation au cardinalat, dans un hôpital de Buenos Aires. Elle est aussi d'une importante signification pour le devenir de l'*être chrétien*, alors que prospèrent des mouvements de « réveil » néopentecôtistes fondés sur l'inspiration du Saint-Esprit mais exaltant une « théologie de la prospérité » qui les met en porte-à-faux complet avec les mouvements médiévaux dans la continuité desquels ils prétendent se placer. Enfin, elle doit certainement être mise au centre des réflexions sur notre société, dans laquelle le fonctionnement démocratique suscite tant d'interrogations et les dangers du charisme dévoyé doivent inciter à tant de méfiance. La conception d'un gouvernement de service a pour fondement essentiel l'exemplarité du supérieur, seul moyen de surmonter l'aporie du pouvoir de l'humble. Ce n'est pas une invention franciscaine ; elle figure parmi les fondements de la vie régulière, puisque la Règle de saint Benoît (2, 11-12) l'énonce ainsi : « Quand donc quelqu'un prend le titre d'abbé, il doit diriger ses disciples par un double enseignement, c'est-à-dire qu'il montrera tout ce qui est bon et saint par les actes plus encore que par la parole. Ainsi, aux disciples réceptifs il exposera les commandements du Seigneur par la parole, aux cœurs durs et aux plus simples il fera voir les préceptes divins par ses actes. »

Indéniablement, toutefois, le franciscanisme en a assuré la promotion de façon inégalée. L'autorité par l'exemplarité, non le pouvoir, voilà ce que prônait François et, plus encore, ce qu'a incarné le François de la propagande franciscaine des premiers temps : le père spirituel, plus que le supérieur. Compte tenu de cette figure fondatrice et de ses usages, mais aussi du projet de vie des Frères mineurs, on comprend aisément que chez ces derniers la contradiction entre humilité et prise de responsabilité ait pris une particulière ampleur.

À la fin du XIXe siècle, un franciscain anonyme, mais que l'on peut raisonnablement identifier comme le capucin Ladislas de Paris (né en 1835), se soucia de définir par écrit, sur plus de cent vingt pages manuscrites, le modèle du bon gardien au sein d'un couvent d'études. Commençant par l'énumération des « devoirs et vertus » du gardien, ce portrait insiste sur l'exemplarité d'un supérieur chargé par ailleurs de la formation des jeunes frères : « Un bon Père Gardien aura pour ses sujets le plus grand *zèle* : convaincu que de sa régularité dépendent en grande partie les bonnes ou les mauvaises habitudes qu'on prendra à l'avenir dans la Province. C'est lui plus encore que le Père Maître qui doit faire entrer dans le cœur des jeunes religieux ce dévouement à la Règle, aux Constitutions et au Cérémonial parce qu'il les a plus longtemps sous la main. C'est lui qui chargé de l'avancement spirituel ne peut y parvenir qu'en faisant pratiquer constamment ce que nos Anciens Pères nous ont livré. S'il manquait de zèle, même sans mauvaise intention, Dieu lui en demanderait un terrible compte.

C'est par l'exemple qu'il entraînera surtout parce qu'il sera la Règle vivante. On pourra dire de lui comme la sainte liturgie le dit dans un autre sens de St. Dominique "*Fulget in choro*". Il portera à la vertu peu par ses paroles, beaucoup par ses actes. »

Avant de donner ses « conseils à un jeune professeur », l'auteur s'arrête sur la nécessaire exemplarité du gardien, « réflecteur très pur » de la lumière qu'est Jésus pour le couvent. Propos ordinaires d'un franciscain ordinaire, ou presque : le frère Ladislas ne répugna pas à passer à l'action pour défendre ses idées, puisqu'en 1890 il accompagna au Canada des étudiants de la province de Toulouse afin de les soustraire à l'obligation du service militaire. Propos qui, si on les transpose en notre temps et en notre contexte, sonnent comme le portrait de ce que doit être, notamment, un bon enseignant.

François, maître d'école ? Écoutez-le rire aux éclats.

Les textes emblématiques

Cantique de frère Soleil (ou *Cantique des créatures*)[1]

Très-Haut, tout-puissant bon Seigneur,
à toi sont les louanges, la gloire et l'honneur,
et toute bénédiction.
À toi seul, Très-Haut, ils conviennent,
et nul homme n'est digne de te nommer.

Loué sois-tu, mon Seigneur, avec toutes tes créatures,
spécialement messire le frère Soleil,
lequel est jour, et tu nous illumines par lui.
Et lui, il est beau et rayonnant avec grande splendeur :
de toi, Très-Haut, il porte signification.

Loué sois-tu, mon Seigneur, par sœur Lune et les étoiles :
dans le ciel tu les as formées claires et précieuses et belles.

Loué sois-tu, mon Seigneur, par frère Vent,
et par l'air et le nuage et le ciel serein et tout temps,
par lesquels à tes créatures tu donnes sustentation.

---

1. Le plus célèbre des écrits de François, qui en commença la composition au printemps 1225 et en dicta les dernières strophes quelques jours avant sa mort (dans la nuit du 3 au 4 octobre 1226).

Loué sois-tu, mon Seigneur, par sœur Eau,
laquelle est très utile et humble et précieuse et chaste.

Loué sois-tu, mon seigneur, par frère Feu,
par lequel tu nous illumines la nuit ;
et lui, il est beau et joyeux et robuste et fort.

Loué sois-tu, mon seigneur, par notre sœur mère Terre,
laquelle nous sustente et gouverne
et produit divers fruits avec les fleurs colorées et l'herbe.

Loué sois-tu, mon Seigneur,
par ceux qui pardonnent par ton amour
et soutiennent maladies et tribulations.
Bienheureux ceux qui les supporteront en paix,
car par toi, Très-Haut, ils seront couronnés.

Loué sois-tu, mon Seigneur, par notre sœur Mort corporelle,
à laquelle nul homme vivant ne peut échapper.
Malheur à ceux qui mourront dans les péchés mortels !
Bienheureux ceux qu'elle trouvera
en tes très saintes volontés,
car la mort seconde ne leur fera pas mal.

Louez et bénissez mon Seigneur et rendez grâces
et servez-le avec grande humilité[1].

La Vraie Joie

Le même [frère Léonard][2] rapporta au même endroit qu'un jour, à Sainte-Marie, le bienheureux François appela frère Léon et dit :

1. Jacques Dalarun (dir.), *François d'Assise. Écrits, Vies, témoignages*, trad. Jean-François Godet-Calogeras, Éditions du Cerf-Éditions franciscaines, 2010, p. 173-174.

2. Le nom de frère Léonard d'Assise, qui accompagnait François à son retour d'Orient (1220), n'est mentionné qu'au

— Frère Léon, écris.

Et lui répondit :

— Voilà, je suis prêt.

— Écris, dit-il, quelle est la vraie joie. Un messager vient et dit que tous les maîtres de Paris sont venus à l'ordre ; écris : ce n'est pas la vraie joie. De même, tous les prélats d'outre-monts, archevêques et évêques ; de même, le roi de France et le roi d'Angleterre ; écris : ce n'est pas la vraie joie. De même, mes frères sont allés chez les infidèles et les ont tous convertis à la foi ; de même, j'ai de Dieu une telle grâce que je guéris les malades et fais beaucoup de miracles : je te dis qu'en tout cela n'est pas la vraie joie.

— Mais quelle est la vraie joie ?

— Je reviens de Pérouse et, par une nuit profonde, je viens ici et c'est le temps de l'hiver, boueux et à ce point froid que des pendeloques d'eau froide congelée se forment aux extrémités de ma tunique et me frappent sans cesse les jambes, et du sang coule de ces blessures. Et tout en boue et froid et glace, je viens à la porte, et après que j'ai longtemps frappé et appelé, un frère vient et demande : « Qui est-ce ? » Moi je réponds : « Frère François. » Et lui dit : « Va-t'en ! Ce n'est pas une heure décente pour circuler ;

début de la première des trois histoires contenues dans le manuscrit de la Bibliothèque nationale de Florence transmettant *La Vraie Joie*, ce qui explique son interpolation ici. Sainte-Marie est l'église de la Portioncule et la mention du roi d'Angleterre incite à dater la mise par écrit de ces paroles de François postérieurement à 1224. Le texte reflète donc la situation de l'ordre au début des années 1220.

tu n'entreras pas. » Et à moi qui insiste, à nouveau il répondrait : « Va-t'en ! Tu n'es qu'un simple et un illettré. En tout cas, tu ne viens pas chez nous ; nous sommes tant et tels que nous n'avons pas besoin de toi. » Et moi je me tiens à nouveau debout devant la porte et je dis : « Par amour de Dieu, recueillez-moi cette nuit ! » Et lui répondrait : « Je ne le ferai pas. Va au lieu des Croisiers et demande là-bas. » Je te dis que si je garde patience et ne suis pas ébranlé, en cela est la vraie joie et la vraie vertu et le salut de l'âme[1].

Commerce sacré de saint François avec dame Pauvreté[2]

Chapitre I

Il se mit à tourner avec empressement, comme un explorateur curieux, par les rues et les places de la cité, cherchant avec diligence celle que son âme chérissait. Il interrogeait ceux qui se tenaient là,

1. Jacques Dalarun (dir.), *François d'Assise. Écrits, Vies, témoignages*, trad. Jean-François Godet-Calogeras, *op. cit.*, p. 392-393.
2. Seul texte choisi ici qui ne fasse pas partie de ceux que l'on considère comme des « écrits de François », le *Commerce sacré* occupe une place singulière dans la littérature franciscaine. Sa rédaction est, sans certitude, placée entre 1230 et 1237 et attribuée à Césaire de Spire. Elle témoigne de l'influence de la *Vie du bienheureux François* de Thomas de Celano (premier hagiographe de François), mais aussi – et peut-être surtout – de la *Quête du Saint-Graal* (roman en prose éclos dans le milieu cistercien). L'allégorie, personnifiant le mode de vie désiré par les frères (une noble dame), sert aussi la composition d'un véritable traité polémique sur l'observance de la pauvreté, dans l'Église comme dans l'ordre.

questionnait ceux qui arrivaient, en disant : « Avez-vous vu celle que chérit mon âme ? » Mais c'était pour eux un langage caché et comme barbare. Ne le comprenant pas, ils lui disaient : « Ô homme, nous ne savons pas de quoi tu parles. Parle-nous dans notre langue et nous te répondrons. » Pour les fils d'Adam, il n'était en ce temps-là ni voix ni pensée les incitant à vouloir conférer entre eux de la pauvreté ou à en parler. Ils la haïssaient violemment, comme ils le font encore aujourd'hui, et ils ne pouvaient parler d'elle paisiblement à qui la cherchait. Aussi lui répondent-ils comme à un inconnu et certifient-ils qu'ils ne savent rien de ce qu'il demande. [...]

C'est ainsi qu'une fois sorti de la cité, le bienheureux François vint d'un pas rapide en un champ où, regardant de loin, il vit deux vieillards assis, accablés par un lourd chagrin. L'un d'eux parlait ainsi : « Vers qui tournerai-je le regard, si ce n'est vers un petit pauvre, contrit en esprit et qui tremble à mes paroles ? » Et l'autre disait : « Nous n'avons rien apporté en ce monde ; il ne fait aucun doute que nous ne pouvons rien en emporter. Mais ayant de la nourriture et de quoi nous vêtir, nous nous en contentons. »

Chapitre II

Comme le bienheureux François parvenait à eux, il leur dit : « Indiquez-moi, je vous en conjure, où habite dame Pauvreté, où elle mange, où elle s'allonge à midi, car je languis d'amour pour elle. »

Ils lui répondirent : « Bon frère, nous sommes assis ici depuis un temps, des temps et la moitié d'un temps ; souvent nous l'avons vue passer, car bien des gens la cherchaient. Parfois elle était en nombreuse compagnie, mais souvent elle revenait seule et nue, n'étant ornée d'aucun bijou, entourée d'aucun compagnon, parée d'aucun vêtement. Aussi pleurait-elle très amèrement et disait-elle : “Les fils de ma mère ont lutté contre moi.” Et nous lui disions : “Prends patience, car les justes te chérissent.”

Et maintenant, ô frère, elle a gravi une grande et haute montagne où Dieu l'a établie ; elle habite dans les montagnes saintes, car Dieu la chérit plus que toutes les demeures de Jacob. Les géants n'ont pu atteindre les empreintes de ses pieds et les aigles n'ont pas volé jusqu'à hauteur de son cou. La pauvreté est une chose singulière, que tout homme dédaigne parce qu'on ne la trouve pas sur la terre de ceux qui vivent dans la douceur ; aussi est-elle dissimulée à leurs yeux et cachée aux oiseaux du ciel. Dieu comprend sa voie et Lui sait le lieu où elle réside.

Si toi donc, frère, tu veux parvenir à elle, dépouille-toi de tes vêtements de fêtes, débarrasse-toi de tout ce qui pèse et du péché qui t'entoure ; car si tu n'es pas nu, tu ne pourras pas monter jusqu'à elle, qui s'est retirée à une si grande altitude. Mais puisqu'elle est bienveillante, elle est facilement vue par ceux qui la chérissent et trouvée par ceux qui la cherchent. Méditer sur elle, frère, c'est l'accomplissement de la pensée ; et qui aura veillé pour elle sera aussitôt en sûreté. Prends avec toi des compagnons fidèles pour user de leur conseil et avoir le soutien de leur aide dans l'ascension de la montagne. Car malheur à qui est seul ! S'il tombe, il n'a personne pour le relever. Mais à plusieurs, si l'un tombe, un autre le soutient. »

Chapitre III

Ayant donc reçu l'avis de si grands conseillers, le bienheureux François s'en vint élire quelques compagnons qui lui soient fidèles, avec lesquels il arriva en hâte à la montagne. Et il dit à ses frères : « Venez, montons à la montagne du Seigneur et à la maison de dame Pauvreté, pour qu'elle nous enseigne ses voies et que nous marchions dans ses sentiers. » Comme ils examinaient de tous côtés la montagne à gravir, à cause de sa hauteur et de son aspérité excessives, certains d'entre eux se disaient l'un à l'autre : « Qui gravira cette montagne et qui parviendra à son sommet ? »

Saisissant cela, le bienheureux François leur dit : « Resserrée est la voie, frères, étroite est la porte qui conduit à la vie et peu nombreux sont ceux qui la trouvent. Confortez-vous dans le Seigneur et dans la puissance de sa vertu, car tout ce qui est difficile vous sera facile… »

Chapitre IV

Comme ils se hâtaient vers le sommet d'un pas très facile, voici que dame Pauvreté, qui se tenait sur le faîte de la montagne, tourna le regard vers les pentes. En voyant ces hommes monter, bien plus voler, avec une telle puissance, elle fut saisie d'étonnement et dit : « Qui sont ces gens qui volent comme des nuages et comme des colombes vers les fenêtres de leur colombier ? Il y a longtemps, en effet, que je n'en ai vu de pareils et que je n'ai eu sous les yeux des hommes que l'abandon de toute charge a laissés si déliés. Je vais donc leur dire ce qui me tient à cœur pour qu'ils ne se repentent pas, comme tous les autres, d'une si grande ascension, sans jeter les yeux sur l'abîme qui les entoure. Je sais qu'ils ne peuvent s'emparer de moi sans mon consentement, mais j'aurai une récompense devant mon Père céleste si je leur donne un conseil de salut. » Et voici qu'une voix s'adressa à elle en disant : « Ne crains rien, fille de Sion, car ces hommes sont la semence que le Seigneur a bénie et qu'il a élue dans une charité non feinte. »

Et ainsi, prenant place sur le trône de son dénuement, dame Pauvreté les accueillit-elle par de douces bénédictions et leur dit : « Quelle est la raison de votre venue, dites-moi frères, et pourquoi venez-vous en telle hâte de la vallée des miséreux vers la montagne de la clarté ? Est-ce moi, d'aventure, que vous cherchez, moi qui, comme vous le voyez, suis une petite pauvre, malmenée par les intempéries et privée de toute consolation[1] ? »

1. Jacques Dalarun (dir.), *François d'Assise. Écrits, Vies, témoignages*, trad. Jean-François Godet-Calogeras, *op. cit.*, p. 864-871.

Testament[1]

Le Seigneur me donna ainsi à moi, frère François, de commencer à faire pénitence : comme j'étais dans les péchés, il me semblait extrêmement amer de voir des lépreux. Et le Seigneur lui-même me conduisit parmi eux et je fis miséricorde avec eux. Et en m'en allant de chez eux, ce qui me semblait amer fut changé pour moi en douceur de l'esprit et du corps ; et après cela, je ne restai que peu de temps et je sortis du siècle.

Et le Seigneur me donna une telle foi dans les églises que je priais ainsi simplement et disais : « Nous t'adorons, Seigneur Jésus Christ, et à toutes tes églises qui sont dans le monde entier, et nous te bénissons, car par ta sainte croix tu as racheté le monde. » Après cela, le Seigneur me donna et me donne une si grande foi dans les prêtres qui vivent selon la forme de la sainte Église romaine, à cause de leur ordre, que même s'ils me persécutaient, je veux recourir à eux. Et si j'avais autant de sagesse que Salomon et si je trouvais de pauvres prêtres de ce siècle, je ne veux pas prêcher dans les paroisses où ils demeurent outre leur volonté. Et ceux-là et tous les autres, je veux les craindre, les

1. Écrit par François dans les derniers mois de sa vie, en mai ou en juin 1226, le *Testament* est le fruit d'une intense réflexion et d'une composition soignée. Dans l'esprit de son auteur, il devait être pour les frères un véritable guide afin de mieux comprendre et suivre la Règle. C'est certainement le plus important des écrits de François.

aimer et les honorer comme mes seigneurs. Et je ne veux pas considérer en eux le péché, car je discerne en eux le Fils de Dieu et ils sont mes seigneurs. Et je fais cela, car dans ce siècle je ne vois rien corporellement du très haut Fils de Dieu, sinon son très saint corps et son très saint sang qu'eux-mêmes reçoivent et qu'eux seuls administrent aux autres. Et ces très saints mystères, je veux qu'ils soient par-dessus tout honorés, vénérés et placés en des lieux précieux. Ses très saints noms et ses paroles écrites, partout où je les trouverai en des lieux illicites, je veux les recueillir et je prie qu'on les recueille et qu'on les place en un lieu honnête. Et tous les théologiens et ceux qui administrent les très saintes paroles divines, nous devons les honorer et les vénérer comme ceux qui nous administrent l'esprit et la vie.

Et après que le Seigneur m'eut donné des frères, personne ne me montrait ce que je devais faire, mais le Très-Haut lui-même me révéla que je devais vivre selon la forme du saint Évangile. Et moi, je le fis écrire en peu de mots et simplement, et le seigneur pape me confirma. Et ceux qui venaient pour recevoir cette vie, tout ce qu'ils pouvaient avoir, ils le donnaient aux pauvres ; et ils se contentaient d'une seule tunique, rapiécée au-dedans et au-dehors, ceux qui voulaient, avec une ceinture et des braies. Et nous ne voulions pas avoir plus. Nous disions l'office, les clercs comme les autres clercs, les laïcs disaient le *Pater noster* ; et nous demeurions bien volontiers dans les églises. Et nous étions illettrés et soumis à tous. Et moi je travaillais de mes mains et je veux travailler ; et je veux fermement que tous les autres frères travaillent d'une besogne qui relève de l'honnêteté. Que ceux qui ne savent pas apprennent, non à cause du cupide désir de recevoir le prix du travail, mais à cause de l'exemple et pour chasser l'oisiveté. Et quand on ne nous donnerait pas le prix du travail, recourons à la table du Seigneur en demandant l'aumône de porte en porte. Comme salutation, le Seigneur me révéla que nous devions dire : « Que le Seigneur te donne la paix. »

Que les frères prennent garde de ne recevoir absolument églises, pauvres habitations et tout ce qu'on construit pour eux, si cela n'est pas conforme à la sainte pauvreté que nous avons promise dans la Règle, logeant toujours là comme des étrangers et des pèlerins.

J'interdis fermement, par obéissance, à tous les frères, où qu'ils soient, d'oser demander aucune lettre à la curie romaine par eux-mêmes ou par personne interposée, ni pour une église, ni pour un autre lieu, ni sous prétexte de prédication, ni en raison de la persécution de leurs corps ; mais partout où ils ne seraient pas reçus, qu'ils fuient en une autre terre pour faire pénitence avec la bénédiction de Dieu.

Et je veux fermement obéir au ministre général de cette fraternité et à l'autre gardien qu'il lui aura plu de me donner. Et je veux être tellement pris entre ses mains que je ne puisse aller ou agir outre son obédience et sa volonté, car il est mon seigneur. Et quoique je sois simple et malade, je veux toutefois avoir toujours un clerc qui me fasse l'office, comme il est contenu dans la Règle.

Et que tous les autres frères soient tenus d'obéir ainsi à leurs gardiens et de faire l'office selon la Règle. Et si on en trouvait qui ne fassent pas l'office selon la Règle et qui veuillent diverger d'une autre manière, ou qui ne soient pas catholiques, que tous les frères, où qu'ils soient, soient tenus par obéissance, partout où ils trouveraient l'un d'eux, de le présenter au custode le plus proche du lieu où ils l'auront trouvé. Et que le custode soit fermement tenu par obéissance de le garder fortement jour et nuit comme un homme dans les liens, en sorte qu'il ne puisse être enlevé de ses mains, jusqu'à ce qu'il le remette personnellement aux mains de son ministre. Et que le ministre soit fermement tenu par obéissance de l'envoyer, escorté par des frères qui le gardent jour et nuit comme un homme dans les liens, jusqu'à ce qu'ils le présentent devant le seigneur d'Ostie, qui est seigneur protecteur et correcteur de toute la fraternité.

Et que les frères ne disent pas : « Ceci est une autre Règle » ; car c'est un souvenir, une admonition, une exhortation et mon testament que moi, frère François, tout petit, je vous fais, mes frères bénis, pour que nous observions mieux catholiquement la Règle que nous avons promise au Seigneur.

Et que le ministre général et tous les autres ministres et custodes soient tenus par obéissance de ne rien ajouter ni retrancher à ces paroles. Et qu'ils aient toujours cet écrit avec eux à côté de la Règle. Et dans tous les chapitres qu'ils tiennent, quand ils lisent la Règle, qu'ils lisent aussi ces paroles. Et à tous mes frères, clercs et laïcs, j'interdis fermement par obéissance de mettre des gloses ni à la Règle ni à ces paroles en disant qu'on doit ainsi les comprendre. Mais comme le Seigneur m'a donné de dire et d'écrire simplement et purement la Règle et ces paroles, ainsi comprenez-les simplement et purement, et sans glose, et observez-les et mettez-les en œuvre saintement jusqu'à la fin. Et quiconque observera cela, qu'il soit comblé au ciel de la bénédiction du Père très haut, et qu'il soit comblé sur la terre de la bénédiction de son Fils bien-aimé avec le très saint Esprit Paraclet et toutes les vertus des cieux et tous les saints. Et moi, frère François, tout petit, votre serviteur, je vous confirme, autant que je le puis, au-dedans et au-dehors, cette très sainte bénédiction[1].

Admonitions[2]

III. De l'obéissance parfaite

Le Seigneur dit dans l'Évangile : Qui n'a pas renoncé à tout ce qu'il possède ne peut être mon disciple. Et : Qui veut sauver son âme la perdra. Il abandonne tout

1. Jacques Dalarun (dir.), *François d'Assise. Écrits, Vies, témoignages*, trad. Jean-François Godet-Calogeras, *op. cit.*, p. 308-314.

2. Écrites ou dictées (et sans doute passées entre les mains de rédacteurs) par François probablement entre 1223 (approbation de la Règle) et la mort de ce dernier (1226), les *Admonitions*

ce qu'il possède, et perd son âme et son corps, cet homme qui s'offre lui-même tout entier à l'obéissance dans les mains de son prélat. Et quoi qu'il fasse ou dise dont il sait que ce n'est pas contre la volonté de ce prélat – pourvu que ce qu'il fait soit bon –, c'est l'obéissance véritable. Et si parfois il voyait des choses meilleures et plus utiles à son âme que celles que le prélat lui prescrit, qu'il sacrifie volontiers les siennes à Dieu et qu'il s'applique à accomplir en actes celles du prélat. Car telle est l'obéissance de charité, car elle satisfait à Dieu et au prochain. Mais si le prélat prescrivait au sujet quelque chose contre son âme, quoiqu'il ne lui obéisse pas, toutefois qu'il ne le quitte pas. Et s'il en supportait la persécution de quelques-uns, qu'il les aime davantage à cause de Dieu. Car celui qui supporte la persécution plutôt que de vouloir être séparé de ses frères demeure vraiment dans l'obéissance parfaite, car il pose son âme pour ses frères. Il y a, en effet, beaucoup de religieux qui, sous prétexte de voir des choses meilleures que celles que prescrivent leurs prélats, regardent en arrière et retournent au vomissement de leur volonté propre ; ce sont des homicides et, à cause de leurs mauvais exemples, ils font perdre beaucoup d'âmes.

---

rendent compte de l'enseignement du fondateur de l'ordre au cours des chapitres et réunions des frères.

IV. Que personne ne s'approprie la prélature

Je ne suis pas venu pour être servi, mais pour servir, dit le Seigneur. Ceux qui ont été établis au-dessus des autres, qu'ils se glorifient de cette prélature autant que s'ils avaient été députés à l'office de laver les pieds des frères. Et s'ils se troublent plus de la perte de la prélature que de la perte de l'office de laver les pieds, c'est comme s'ils amassaient un magot au péril de leur âme.

XIX. De l'humble serviteur de Dieu

Bienheureux le serviteur qui ne se tient pas pour meilleur lorsqu'il est magnifié et exalté par les hommes que lorsqu'il est tenu pour vil, simple et méprisé ; car autant vaut l'homme devant Dieu, autant il vaut et pas plus. Malheur à ce religieux qui a été élevé par les autres et par sa volonté refuse de descendre. Et bienheureux ce serviteur qui, élevé malgré sa volonté, désire toujours être sous les pieds des autres[1].

1. Jacques Dalarun (dir.), *François d'Assise. Écrits, Vies, témoignages*, trad. Jean-François Godet-Calogeras, *op. cit.*, p. 284-285 ; p. 285 ; p. 292.

La vie de saint François d'Assise en quelques dates

1182 (ou fin 1181) Naissance de François d'Assise, d'abord prénommé Jean.

1198-1200 Les habitants d'Assise se révoltent contre les troupes impériales, détruisent la forteresse de la Rocca dominant la ville et créent une commune du peuple (*popolo*). Les nobles d'Assise se réfugient à Pérouse.

1202 En novembre, François est fait prisonnier à la bataille de Collestrada contre Pérouse ; il est libéré un an plus tard, après que les habitants d'Assise ont signé un accord de paix avec les nobles.

1205 Après avoir traversé une période difficile au cours de l'année 1204 en raison d'une maladie, François décide de rejoindre les troupes de Gautier de Brienne en Pouille ; tombé de nouveau malade à Spolète, il rentre chez lui pendant l'été. À la fin de l'année, bouleversé à la vue du crucifix de la petite église

Saint-Damien, au pied des remparts d'Assise, il décide de travailler à la restauration de cet édifice délabré.

1206 À la fin de l'hiver, François renonce à tous ses biens et se dépouille publiquement de ses vêtements devant l'évêque d'Assise. Il obtient ainsi un statut de pénitent au sein de l'Église.

1206-1208 Revêtu d'un habit semblable à celui des ermites peuplant montagnes et forêts d'Italie centrale, mendiant sa nourriture, François restaure de petites églises et se consacre à l'assistance aux lépreux.

1208 Au printemps, François et ses premiers compagnons débutent leur prédication itinérante. Inspiré par l'Évangile, le Pauvre d'Assise sait désormais comment il va orienter sa vie.

1209 Au printemps, la douzaine d'hommes qui composent la fraternité se rendent à Rome afin de faire approuver par le pape la « forme de vie » (*forma vitae*) qu'a composée François. Innocent III les autorise oralement à prêcher la pénitence et les fait peut-être tonsurer.

1212 En mars, après avoir entendu prêcher François, une jeune femme de la noblesse locale, Claire di Offreduccio, âgée d'environ 18 ans, vient le trouver à la Portioncule en compagnie d'une amie. On leur coupe les cheveux et on en fait des pénitentes. Les sources dites « clariennes » (émanant donc du milieu des sœurs, non des frères) incitent à placer cet événement un an plus tôt.

1216 Le 16 juillet, mort du pape Innocent III. Début du pontificat d'Honorius III.

1217 Début de la mise en place d'une organisation en provinces et de l'envoi de frères hors d'Italie.

1219 À l'été, François parvient à rejoindre les troupes de la cinquième croisade à Damiette, en Égypte, et au début du mois de septembre il rencontre le sultan Al-Malik al-Kâmil avant de se rendre en Terre sainte.

1220 Au chapitre de la Saint-Michel (29 septembre), François abandonne la direction de la fraternité.

1221 Une première règle, rédigée par François et ses compagnons, peu précise et rigoureuse sur le plan juridique, est refusée par le pape Honorius III. On l'appelle la *Regula non bullata*.

1223 En novembre, Honorius III approuve la Règle des Frères mineurs (la *Regula bullata*). À Noël, à Greccio, non loin d'Assise, François organise une reconstitution de la naissance de Jésus à Bethléem avec des personnages et des animaux vivants, créant ainsi la première crèche.

1224 En septembre, dans les montagnes de La Verna (ou l'Alverne, en Toscane), François aurait reçu les stigmates.

1225 Au printemps, François commence à composer le *Cantique de frère Soleil* (ou *Cantique des créatures*).

1226 À la fin du printemps ou pendant l'été, François rédige son *Testament*, conçu comme l'indispensable complément de la Règle ; il meurt dans la nuit du 3 au 4 octobre.

1227 Le cardinal Hugolin devient pape sous le nom de Grégoire IX.

1228 Le 16 juillet, Grégoire IX proclame la canonisation du *Poverello*.

1230 Grégoire IX déclare que les frères ne sont pas tenus de respecter les prescriptions du *Testament* au même titre que la Règle ; les restes de François sont transférés dans la nouvelle basilique construite en son honneur à Assise.

Abécédaire

Assise : le lieu où tout a commencé et où rien n'est fini, puisque la petite cité d'Ombrie, qui abrite le tombeau de François, est à la fois le centre d'une véritable géographie sacrée (perpétuant le souvenir de la vie et des pérégrinations de François) et un sanctuaire important où l'on prie pour la paix et l'harmonie entre les religions.

Bonaventure (de Bagnoregio) : né près de Viterbe entre 1217 et 1221 sous le nom de Giovanni da Fidanza, il fut ministre général de l'ordre des Frères mineurs de 1257 à 1274. Ce théologien formé à l'université de Paris rédigea deux *Vies* de François d'Assise (la *Légende majeure* et la *Légende mineure*), que le chapitre général de 1266 érigea en unique autorité, toutes les autres biographies antérieures devant être détruites. Œuvrant à la cohésion entre les frères, Bonaventure y affirma la conformité de François au Christ tout en gommant certains aspects de son message considérés comme trop extrêmes. Mort à Lyon en 1274, il fut canonisé en 1482.

Claire (d'Assise) : la « petite plante » de François (ainsi qu'elle se désigna), née en 1193 ou en 1194 dans une famille noble, vint le trouver à la Portioncule en mars 1212. Les Clarisses doivent tout à cette femme au tempérament passionné, chaleureuse, sensible et attentive aux autres, qui vécut cloîtrée jusqu'à sa mort et ne cessa de se battre pour demeurer fidèle à l'exigence de pauvreté évangélique héritée de François. Elle est la première femme à avoir rédigé un texte normatif pour la vie religieuse, la *Forme de vie* que la papauté approuva le 9 août 1253, deux jours avant sa mort.

Douleur : François l'a ressentie pendant une grande partie de sa vie d'adulte, mais c'est surtout celle de Jésus qui le bouleversait ; il avait pour lui une compassion absolue. Devant le crucifix de la petite église Saint-Damien, à la fin de l'année 1205, François aurait eu une révélation décisive délivrée par le Christ lui-même. Il la comprit comme un appel à restaurer l'édifice délabré ; mais c'est l'ensemble de l'Église qu'il pouvait contribuer à rénover, ce dont le pape Innocent III eut sans doute l'intuition.

Élie (de Cortone) : vicaire général des Frères mineurs à partir de 1221, il fut le successeur désigné par François à la tête de l'ordre en 1226. Il dut céder sa place au frère Jean Parenti l'année suivante, puis fut réélu ministre général en 1232. Exaltant la sainteté de François, critiqué pour son action en faveur du rayonnement de l'ordre et accusé de dérive autocratique par les partisans d'une plus grande fidélité aux idéaux originels, il fut déposé en 1236, rétabli, puis démis de sa charge par le pape en 1239. Il mourut quatorze ans plus tard.

Frères mineurs : le seul nom officiel de l'ordre fondé par François, à côté d'autres appellations populaires comme celle de « Cordeliers ». Le terme de « Franciscains » n'apparut qu'au début du XVIe siècle.

Joie : chez François, et à ses yeux, elle était une véritable règle de vie, une action de grâces permanente rendue au Créateur.

Lépreux : atteints d'une maladie détruisant la créature de Dieu, ils étaient mis à l'écart de la société médiévale – qui s'efforçait pourtant, par un soutien matériel et spirituel, de les aider. François ne fut pas le seul à aller vers eux ; mais dans son histoire, cette démarche eut une valeur fondatrice puisque, comme il l'écrivit lui-même dans son *Testament*, elle précéda sa sortie du siècle.

Ministre : « serviteur », le mot utilisé pour désigner le supérieur (élu par les représentants des frères réunis en chapitre) à la tête de l'ordre des Frères mineurs comme de chacune de ses provinces.

Nativité : pour la représenter aux fidèles, François inventa la crèche à Noël 1223. Celle-ci dit, en elle-même, l'enthousiasme que suscitait chez François la foi et l'idée de la répandre par la parole, l'image et le geste.

Pauvreté : conçue comme insécurité, précarité, humilité, elle prend sa source dans l'Évangile. François en fit sa dame, au service de laquelle il se mit, en véritable chevalier. Elle devait être, chez les frères, à la fois personnelle et collective.

Règle : on parle, pour les Frères mineurs, de trois règles : la règle primitive, faite de versets de l'Évangile mis bout à bout, approuvée oralement par Innocent III en 1209 ; la *Regula non bullata*, c'est-à-dire non approuvée par une bulle pontificale, de 1221 ; la *Regula bullata* de 1223, la seule véritable – parce qu'officielle – règle, plus courte (douze chapitres au lieu de vingt-quatre) que le texte de 1221. Son contenu ne correspondant pas à ce que voulait François, celui-ci rédigea le *Testament* à la fin du printemps ou à l'été 1226 afin d'infléchir son interprétation dans le sens le plus rigoureux.

Stigmates : ceux de François ont mis un siècle à être acceptés au sein de l'Église, tant il n'était pas évident qu'un homme pût être reconnu si conforme au Christ, jusque dans les marques de sa souffrance. Après lui, seule la mystique Catherine de Sienne (morte en 1380), proche des Dominicains, a été reconnue officiellement comme stigmatisée par le magistère romain.

Thomas de Celano : le premier et principal biographe de François, qu'il a connu de son vivant. À partir de la *Vita prima* (ou *Vie du bienheureux François*) composée à la fin de l'année 1228 ou en 1229, il a consacré plus de vingt ans de son existence à écrire et à réécrire le portrait de son père spirituel.

Bibliographie

DALARUN Jacques (dir.), *François d'Assise. Écrits, Vies, témoignages*, 2 volumes, Éditions du Cerf-Éditions franciscaines, 2010.

—, *La Malaventure de François d'Assise. Pour un usage historique des légendes franciscaines*, Éditions franciscaines, 2002 (trad. fr.).

—, *Gouverner c'est servir. Essai de démocratie médiévale*, Alma, 2012.

DELMAS-GOYON François, *Saint François d'Assise. Le frère de toute créature*, Parole et Silence, 2008.

FRUGONI Chiara, *Saint François d'Assise. La vie d'un homme*, Noêsis, 1997 ; Hachette Littératures, 1999 (trad. fr.).

LE GOFF Jacques, *Saint François d'Assise*, Gallimard, 1999.

MANSELLI Raoul, *Saint François d'Assise*, Éditions franciscaines, 1981 (trad. fr.).

MERLO Grado G., *Au nom de saint François. Histoire des Frères mineurs et du franciscanisme jusqu'au début du XVIe siècle*, Éditions du Cerf-Éditions franciscaines, 2006 (trad. fr.).

TOLAN John, *Le Saint chez le sultan. La rencontre de François d'Assise et de l'islam. Huit siècles d'interprétation*, Le Seuil, 2007.

VAUCHEZ André, *François d'Assise. Entre histoire et mémoire*, Fayard, 2009.

Ouvrages du même auteur

Bourgeois, prêtres et Cordeliers à Romans, Saint-Étienne, Publications de l'université de Saint-Étienne, coll. « CERCOR », 2002.

Identités franciscaines à l'âge des réformes (dir.), avec Frédéric Meyer, 2 volumes, Clermont-Ferrand, Presses universitaires Blaise-Pascal, 2005 et 2011.

Sorcières ! La grande chasse, Armand Colin, 2013.

Les Sens de l'observance. Enquête sur les réformes franciscaines entre l'Elbe et l'Oder, de Capistran à Luther (vers 1450-vers 1520), Münster, Lit Verlag, 2014.

COLLECTION
LES GRANDES FIGURES DE LA SPIRITUALITÉ CHRÉTIENNE

1. Saint François d'Assise
2. Saint Augustin
3. Mère Teresa
4. Charles de Foucauld
5. Luther
6. Jean-Paul II
7. Saint Ignace de Loyola
8. Saint Louis
9. Saint Paul
10. Sainte Thérèse de Lisieux
11. Saint Benoît
12. Saint Nicolas
13. Calvin
14. Padre Pio
15. Sainte Thérèse d'Ávila
16. Saint Vincent de Paul
17. Saint Thomas d'Aquin
18. Bernadette Soubirous
19. Pierre Teilhard de Chardin
20. Sœur Emmanuelle
21. Jean XXIII
22. Saint François de Sales
23. Saint Jean de la Croix
24. Sainte Jeanne d'Arc
25. Saint Grégoire de Nazianze
26. Saint Bernard de Clairvaux
27. Catherine Labouré
28. Abbé Pierre
29. Saint Jean Chrysostome
30. Saint Martin de Tours
31. Saint Dominique
32. Marthe Robin
33. Saint Antoine de Padoue
34. Saint Jacques
35. Sainte Catherine de Sienne
36. Saint Curé d'Ars
37. Saint François Xavier
38. Sainte Geneviève
39. Don Bosco
40. Sainte Claire

Composé par Nord Compo Multimédia
7, rue de Fives, 59650 Villeneuve-d'Ascq